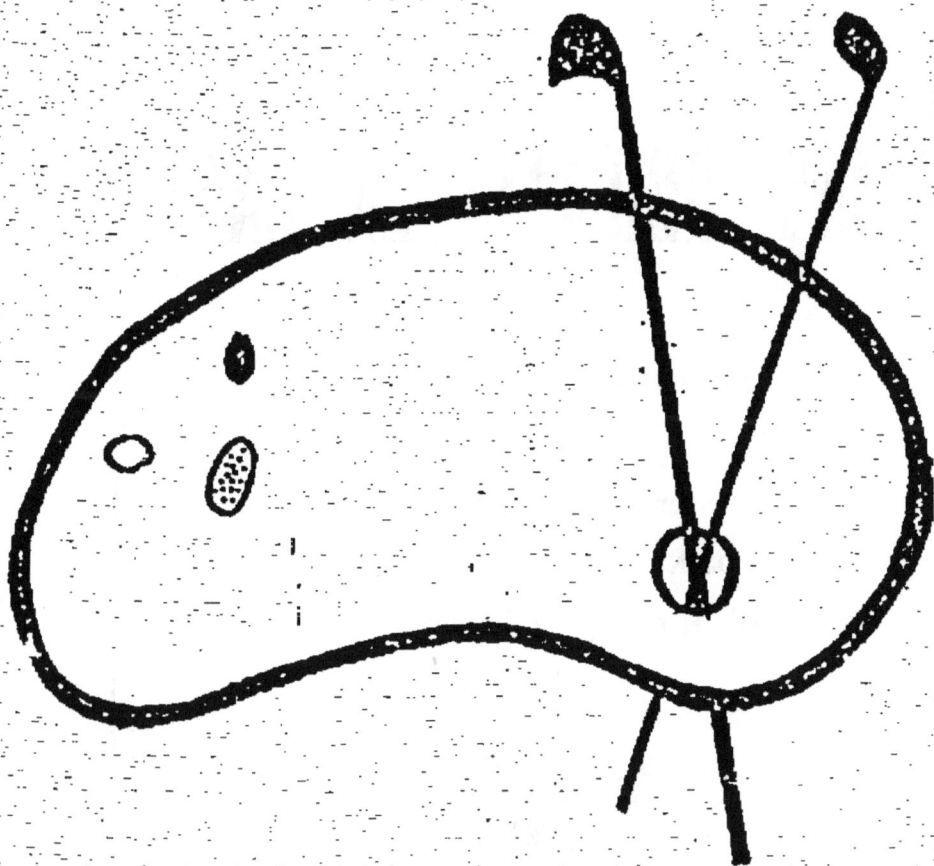

COUVERTURE SUPERIEURE ET INFERIEURE
EN COULEUR

# LE CHATEAU

## DE

# SAINT-GERMAIN EN LAYE

PAR

## FERDINAND DE LACOMBE

DEUXIÈME ÉDITION.

### ORNÉE DE GRAVURES

Et suivie de la description du Musée gallo-romain

## PARIS

LIBRAIRIE MILITAIRE

J. DUMAINE, LIBRAIRE-ÉDITEUR DE L'EMPEREUR

**Rue et Passage Dauphine, 30.**

1868.

Meaux. — Imprimerie J. Carro.

# LE CHATEAU

# DE SAINT-GERMAIN EN LAYE

Travaux de restauration du château de Saint-Germain-en-Laye. — Démolition des bâtiments construits par Louis XIV.

# LE CHATEAU

DE

# SAINT-GERMAIN EN LAYE

PAR

FERDINAND DE LACOMBE

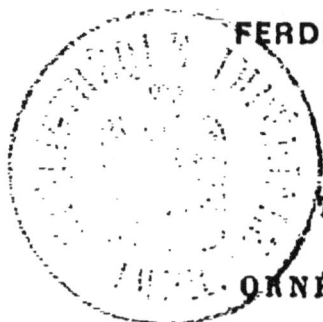

TROISIÈME ÉDITION.

ORNÉE DE GRAVURES.

PARIS

LIBRAIRIE MILITAIRE

J. DUMAINE, LIBRAIRE-ÉDITEUR DE L'EMPEREUR

Rue et Passage Dauphine, 30.

1869.

**MINISTÈRE**

DE LA

Maison de l'Empereur

ET DES

**BEAUX-ARTS**

~∽∞∽~

*Secrétariat général.*

*Palais des Tuileries, le 20 février 1868.*

MONSIEUR.

Sa Majesté l'Empereur a daigné me faire connaître l'intérêt que lui inspirait votre publication sur *le Château de Saint-Germain en Laye*, et pour répondre aux intentions gracieuses de sa Majesté, je viens de décider qu'il y serait souscrit à cinquante exemplaires pour les Bibliothèques de la Couronne.

Je vous prie de vous entendre directement avec M. l'administrateur de la bibliothèque du Louvre pour la suite que comporte cette décision.

Recevez, Monsieur, l'assurance de ma considération distinguée,

Le Maréchal de France,
*Ministre de la Maison de l'Empereur et des Beaux-Arts.*

*Signé :* VAILLANT

A *Monsieur Ferdinand de Lacombe.*

# LE CHATEAU

# DE SAINT-GERMAIN EN LAYE.

### PRÉLIMINAIRES.

Si le voyageur aborde Saint-Germain en Laye par
la station du chemin de fer, ses yeux sont soudaine-
ment frappés par une merveille architecturale en voie
d'accomplissement.

L'antique demeure de nos rois, sombre et massif
édifice, non moins mutilé par la main des hommes que
par l'action du temps, emprunte à une transformation
nouvelle tout l'éclat et toute la fraîcheur de sa radieuse
jeunesse.

Sous l'intelligente impulsion de l'architecte qui
préside à cette riante métamorphose, M. Eugène
Millet, les prosaïques pavillons qui flanquaient lour-
dement les angles du monument s'écroulent sous
le marteau pour faire place aux tours légères du
xvi<sup>e</sup> siècle. Les lignes épurées par le style de la
Renaissance reprennent leurs formes correctes, et

chaque partie du château puise dans cette résurrection l'harmonie du ton ravie à cet ensemble défiguré. L'œuvre de François 1er va resplendir, après trois cents ans, dans l'épanouissement de sa beauté première, comme le phénix qui renaît de ses cendres.

Toutefois, le château de Saint-Germain ne reprend pas la destination que lui avait assignée son royal fondateur. Il est voué au culte de la science comme le palais de Versailles, qui l'avoisine, est voué au culte des arts. Pendant que celui-ci fera revivre, par la toile ou le marbre, la série non interrompue de nos gloires et de nos grandeurs nationales, le premier reconstituera nos origines, au moyen des reliques gallo-romaines, que des fouilles persévérantes ou une transmission pieuse et séculaire lui lèguent chaque jour.

Cette pensée était digne d'une ère curieuse de science, digne surtout du prince qui l'a conçue, et qui nous fait connaître lui-même, en un beau langage, l'histoire de nos ancêtres.

Mais là ne s'arrête pas la destination du nouveau musée. En remontant le cours des âges, il rassemble tous les spécimens extraits du *diluvium*, qui portent l'empreinte de la main de l'homme, depuis l'époque où celui-ci ignorait les métaux, et était réduit à tailler, dans les pierres et dans les ossements des animaux, l'outillage guerrier, industriel ou domestique, nécessaire à sa vie presque sauvage.

Cette collection ouvre la période appelée par les savants l'âge de pierre. Elle est suivie des collections de l'âge de bronze et de l'âge de fer, qui auront pour but de jeter la lumière sur l'enfance des sociétés et les débuts de la civilisation humaine.

Par ses souvenirs, par son architecture, le château de Saint-Germain méritait de survivre à ses splendeurs passées, et d'y survivre noblement. Il compte, en effet, dans les séjours historiques de nos souverains, des titres plus anciens que le Louvre, Versailles ou les Tuileries. Des générations de rois l'ont traversé en y laissant des traces ineffaçables. Les uns l'ont consacré par leur naissance, les autres par leur mort, et tous y ont consommé de grands actes politiques. Enfin, quand il fut délaissé pour les magnificences de Versailles, il ne cessa point pour cela d'abriter des têtes royales. Un monarque découronné, Jacques II, y rencontra une hospitalité digne du trône, et les destinées de l'Angleterre y furent agitées après les destinées de la France.

## II

### LE PREMIER CHATEAU.

Selon quelques auteurs, la monarchie dut à Louis le Gros les loisirs de sa villégiature de Saint-Germain.

C'était vers l'an 1122. Mais l'histoire n'affirme pas que la beauté du site et la richesse des ombrages aient été les uniques motifs qui déterminèrent ce prince à y construire un château. Alors, les temps n'étaient pas bons pour le roi de France. Quand il avait lutté en vaillant chevalier contre les turbulents voisins qui enserraient le modeste héritage de la couronne, il lui fallait courir sus à ses propres vassaux qui rançonnaient les villages, et détroussaient les marchands aux portes mêmes de Paris, ni plus ni moins que des héros de la Calabre. Le plus redoutable de ces coupeurs de bourses de haut lignage était le sire de Montlhéry, qui avait établi son repaire dans une tour célèbre, dont les ruines sont encore debout. Un beau jour, Louis le Gros battit le sire et s'annexa la tour. La justice était faite et le jugement bien rendu.

A une époque où le Roi était ainsi contraint de se mettre à la tête de sa police, et d'exécuter ses sentences à coups d'estoc et de taille, un château fort, édifié sur une éminence, d'où l'on dominait une vaste étendue de terrain aux alentours de la capitale, n'avait rien de superflu pour sa sûreté et pour celle de ses sujets.

Cette villégiature armée devait lui rallier autant d'approbateurs que de partisans. On y trouvait quelque repos dans la solitude des grands bois et loin du bruit des cités ; mais le Roi et sa cour ne s'y amusaient que la main sur la garde de l'épée, à l'abri d'un double cordon de sentinelles et de guetteurs de nuit. Mieux vaut rire derrière une barbacane que de ne pas rire du tout.

Nous serions bien tenté d'offrir à nos lecteurs une description authentique de ce riant séjour hérissé de lances. Nous ne trouvons nulle part de documents certains sur cette construction.

Les écrivains qui ont traité de l'histoire de Saint-Germain en Laye, ne sont pas eux-mêmes d'accord sur le site que cette ville occupait. Les uns veulent que le château originaire ait été construit entre Rueil et le Pecq, à un endroit nommé Charlevanne ; d'autres pensent qu'il a été édifié sur le même emplacement que le château actuel. Cette opinion nous paraît plus plausible, non-seulement à cause de la position dominante sur laquelle il est assis, mais parce qu'un édifice royal, élevé entre Rueil et le Pecq, aurait au moins, pendant quelques siècles, conservé des vestiges de ses fondations, et que les chartes les plus anciennes sont muettes sur ce point.

L'œuvre de Louis le Gros intimida de ses fortes murailles, pendant un peu plus de deux cents ans, les perturbateurs de la tranquillité publique. En 1346 — une année funèbre — l'année de la bataille de Crécy et de la prise de Calais, les Anglais remontèrent la Seine en faisant, comme les Normands, le désert devant eux et en semant la désolation sur leur passage. Après avoir incendié Pont-de-l'Arche, Vernon, Mantes, Meulan et Poissy, ils débouchèrent sous les murs de Paris, la torche à la main ; et le prince de Galles, qui faisait ses premières armes, infligea le même sort aux villes ou bourgs de Saint-Germain en Laye, de Nanterre, de Rueil, de Boulogne, de Saint-Cloud et Neuilly.

Les murs calcinés du château de Saint-Germain s'écroulèrent dans les larges fossés. Toutefois, la flamme épargna sa chapelle, et deux tours carrées qui flanquaient deux de ses angles.

Restaurateur d'un royaume épuisé par tous les fléaux, Charles V fut aussi le restaurateur de Saint-Germain.

« Moult fit réédifier notablement le chastel de Saint-Germain en Laye », dit la Vénitienne Christine de Pisan, fille de son astrologue, dans l'histoire qu'elle nous a laissée de ce monarque.

Une citadelle, dans une aussi belle position stratégique, était encore moins une précaution de luxe en ce siècle qu'au temps de Louis le Gros. A la guerre civile, cette fois, au souvenir de la Jacquerie, il faut ajouter la guerre étrangère, la guerre impitoyable de l'Anglais, qui du haut de ses galères, promenait sa convoitise de Cherbourg à Bordeaux. Aussi Charles V ne se contenta-t-il pas de relever Saint-Germain : en même temps qu'il fondait la bibliothèque royale, il dressait entre lui et ses ennemis les remparts de la Bastille.

Ce prince, dit-on, fit raser les derniers restes du château de Saint-Germain, reserva la chapelle et les deux tours encore debout, et fixa sa résidence dans l'une d'elles pendant les travaux de la reconstruction.

Quelle était la structure du nouvelle édifice? Nous tombons encore ici dans l'incertitude. Cependant, nous pouvons accorder quelque créance aux pages d'un manuscrit de la bibliothèque de Saint-Germain, manuscrit légué par un sieur Antoine, porte-arquebuse du roi Louis XIII.

Ce porte-arquebuse était le descendant de serviteurs attachés, d'ancienne date, au service de la couronne, dans le château même. Son témoignage, assis sur une longue tradition, et peut-être sur des documents positifs, n'est pas sans valeur.

Les détails donnés ici par Antoine remontent à une date antérieure à la restauration de Charles V.

« Devant l'incendie, du règne du roy Philippe de Valois, l'an 1346, dit-il, il y avoit fait bâtir une tour très-forte, où il logeoit souvent, revenant de ses conquestes,

« Le château n'étoit bâty, dans ce temps, qu'en manière de forteresse, n'y ayant aucune cimétrie, avec quelques tours aux angles d'yceluy, entouré d'un large et profond fossé revestu de pierres de taille. Son rempart étoit très-fort, où il y avoit des créneaux meurtriers et abavents, ce qui lui servoit de deffences dans ce temps que la poudre n'étoit pas encore inventée.

« Tout le circuit en étoit bien fermé, n'y ayant que trois ponts-levis pour entrer, dont l'un étoit bâty d'une structure très-particulière, en manière d'une grande arcade surbaissée sur toute la longueur du fossé, où l'on passoit même à couvert dans le parc, sans être vu. Ce pont a été démoli quand on a construit le pavillon ou appartement du roy.

« Ce château ou forteresse ayant été diminué, ainsi que je le dis, par cet incendie, étant demeuré ruiné jusqu'au règne du roy Charles cinq, dit le Sage, vers l'an 1368, ayant vu que la situation de ce château étoit très-belle et fort avantageuse, tant pour une forteresse que pour une maison de plaisance, prit la résolution de le rebâtir sur les anciens fondements, et d'y ajouter encore quelques logements pour y pouvoir loger dans les saisons de l'année, c'est ce qui a fait croire à plusieurs historiens que c'est le roy Charles cinq qui a fait jeter les premiers fondements de ce château, n'ayant pas pénétré jusqu'à la source de son antiquité, de plus de deux cents ans devant le roy Charles cinq. »

Murailles épaisses et larges fossés, où clapotait

l'eau; tourelles pointues, et ponts-levis discrets, fenêtres étroites à vitraux plombés, portes ogivales, pignons ardoisés, remparts crénelés, au sommet desquels apparaissent le cimier d'un casque et la pointe d'une pertuisane; aspect sombre et plein de défiance, tout ce qui constitue le château moyen-âge, dont tant de vestiges subsistent encore pour nous enseigner le passé; tout, en un mot, peut offrir une idée assez exacte du séjour de plaisance de nos rois, jusqu'au moment où François I<sup>er</sup> ceignit la couronne.

Pour compléter cette physionomie, restituons au château de Saint-Germain la vaste forêt au milieu de laquelle il surgissait, et ses abords sauvages, et sa masse imposante en un tel site, et son beffroi qui sonnait les heures lentes dans le silence de la solitude.

Mais le monarque apparaît-il en ces lieux, secouant les ennuis de son Louvre, ou les soucis du gouvernement, nous assistons alors au réveil magique de la Belle aux bois dormant.

L'habitation féodale prend une âme. Les ponts levis s'abaissent au passage des pourpoints dorés, des destriers et des palefrois. Les gentils pages, les écuyers à la livrée du roi sillonnent la cour d'honneur, et le trèfle de l'ogive s'illumine à la clarté des feux du soir.

Au dehors, le sol de la forêt retentit sous les joyeuses chevauchées. C'est l'heure des jeux et des ris, des chants de guerre et des passes d'armes galantes sur la pelouse où flotte l'écharpe brodée par les jouvencelles. C'est l'heure du vol du faucon, des aboiements de le meute ; c'est celle où le cor du châtelain annonce aux riverains de la Seine les ébats de la chasse royale.

Ah ! les mâles amusements que ceux où la suprême ambition de la jeune noblesse consistait à remporter devant les dames les prix de l'adresse et de la valeur, et faire assaut de courtoisie.

## III

### CONJECTURES ISSUES DE DÉCOUVERTES RÉCENTES.

François Ier fit de Saint-Germain sa résidence favorite. Toutefois une forteresse si bien armée en
guerre ne pouvait charmer longtemps un prince qui
se proclamait le protecteur des lettres et des arts,
et qui attirait les femmes à sa cour pour soumettre et
civiliser les farouches vassaux dont le pouvoir trop
indépendant gênait l'exercice de la puissance souveraine.

A sa voix accourait cette brillante émigration italienne à la tête de laquelle marchaient le Primatice
et Léonard de Vinci. C'est en empruntant à l'art
italien ce qui convenait au sol gaulois, et en le fu-
sionnant avec l'art français, que le Roi restaura ou
reconstruisit Saint-Germain, le Louvre, Fontainebleau.

Des sombres murailles du château de Saint-Germain devait sortir la plus brillante des transformations. Il fallait bien enchanter le séjour où l'on con-
voquait ces nombreux et hauts seigneurs loin du
manoir féodal, et où l'on allait façonner cette cour

et la rendre par degrés la plus chevaleresque, la plus aimable, la plus galante du monde.

Quel architecte eut la charge de ces enchantements? Les historiens de Saint-Germain (1) ne prononcent pas son nom. Ils attribuent la direction générale des ouvrages à un seigneur Villeroi, qui ne pouvait être qu'un intendant des bâtiments de la couronne et non le maître de l'œuvre.

Androuët du Cerceau, l'habile constructeur du pont Neuf sous Henri III et le continuateur du Louvre sous Henri IV, nous a transmis, avec les dessins exacts du château de Saint-Germain produit de la Renaissance, quelques détails curieux sur sa réédification.

Dans son ouvrage intitulé les *Excellents bâtiments de France*, ouvrage magistral dédié à Catherine de Médicis, il raconte que « le roi François I<sup>er</sup> y estoit si ententif qu'on ne peut presque pas dire qu'aultre que lui en fut l'architecte. »

Les affaires du royaume cependant sont choses compliquées, et il est permis de croire que ce prince, malgré son goût pour les arts et pour le château de Saint-Germain, n'en suivit pas les travaux pas à pas et qu'il se fit seconder par un de ses architectes en demeurant le *Deus ex machinâ*. Il en avait attiré quelques-uns d'Italie et des meilleurs, tels que le Florentin Serlio, à qui l'on doit la tour ovale du palais de Fontainebleau. Pierre Lescot et Jean Goujon étaient

---

(1) Antoine, Abel Goujon, Rolot et de Sivry.

ses contemporains, et, sous son règne, le cardinal Du Bellay rappela de la Péninsule Philibert Delorme, qui attacha son nom aux Tuileries.

Félibien, qui publia en 1687 la *vie des plus célèbres architectes* de son temps, dit que Serlio travailla au château de Saint-Germain, et nous sommes assez porté à penser qu'il en fut le principal architecte. Le goût italien qui prédomine dans les constructions corrobore cette opinion. Félibien en tire cette déduction que « les Italiens n'y étaient pas plus savants que les Français ».

On eut la bizarre idée de donner au monument la forme d'un pentagone allongé et fort irrégulier.

« La cour n'est ni carrée, ni ronde, ni ovale, dit le manuscrit d'Antoine, mais elle est remarquable en ce sens que dans ycelle, il peut y avoir en quelque temps et à quelque heure du jour que ce soit de l'ombre et du soleil. »

Cette forme provoqua bien des commentaires. On y a voulu trouver la figure d'un D gothique, comme un galant souvenir de Diane de Poitiers, version inadmissible, car ce n'est pas le cœur de François Ier, mais celui de son fils, Henri II, que la belle Diane captiva. Un motif plus plausible trouverait satisfaction dans le désir de multiplier les points de vue en multipliant les façades ou dans la nécessité de bâtir sur des fondations antérieures.

Ici, plusieurs avis sont en présence. Des historiens prétendent que François Ier termina les constructions inachevées de Charles V et qu'il éleva les façades d'un étage.

Androuët du Cerceau ne partage point cette manière de voir. « François I⁰ʳ, dit-il, fit abattre le vieil bâtiment sans toucher néanmoins aux fondements sur lesquels il fit redresser le tout, comme on le voit aujourd'hui, et sans changer ledit fondement, ainsi qu'on peut le voir par le tour d'une assez étrange quadrature. »

Donc, d'une part, une notable partie des bâtiments eût été conservée ; de l'autre, on eût fait table rase et suivi dans la nouvelle construction le périmètre des premières fondations, *étrange quadrature.*

Or, la restauration qui s'opère en ce moment, les travaux consciencieux et les fouilles qu'elle nécessite, ont amené des découvertes qui contredisent ces assertions. Ces travaux sont loin d'être achevés, leur continuation jettera sans doute encore quelque lumière sur la question, mais l'état dans lequel elle se présente aujourd'hui peut se résumer en ces termes : François I⁰ʳ n'a pas achevé l'œuvre de Charles V, il ne l'a pas rasée complétement, il ne l'a pas relevée sur ses anciennes fondations.

Antoine, le porte-arquebuse, approche davantage de la vérité.

« Ce bâtiment, dit-il, fut élevé en peu de temps dans toute son étendue de la hauteur qu'il est à présent d'une tour ancienne restée, où est maintenant posée une guérite en plomb. »

En démolissant le pavillon nord-ouest, un des appendices bâti par Louis XIV et dont il est question plus loin, M. E. Millet a rencontré cette tour carrée de l'époque de Charles V, l'ancien donjon probablement, qu'il a remise au jour avec les modifications qu'y avait apportées l'architecte de François I<sup>er</sup>. Les murailles sont complètes. Elles ont 2<sup>m</sup>,50 d'épaisseur dans leur partie inférieure, c'est-à-dire jusqu'à la plus haute des deux balustrades, et 1 mètre seulement dans leur partie supérieure, dont le pourtour est d'autant plus étroit.

L'origine de ce vestige de l'antique forteresse est facilement reconnaissable à la nature de sa pierre, au revêtement extérieur, à la façon de l'ouvrier, à la coloration et à la dégradation que les matériaux doivent à leur âge.

Les parois ont conservé dans leurs bandeaux la trace des divers étages. Le dernier de ceux-ci se termine par une voûte également de l'époque de Charles V. Sa belle forme, ses nervures hardies annoncent nettement l'architecture du xiv° siècle.

Mais voici sur cette authenticité des indices plus décisifs encore. M. E. Millet a découvert, au sommet de la tour, un créneau du même siècle, qui doit sa conservation à une circonstance assez heureuse. Au temps éloigné où y fut érigé le premier campanile, on avait appuyé la cage de l'horloge contre le mur dans lequel est taillé ce créneau. Dans ce but, on l'avait simplement bouché avec quelques pierres cimentées, en sorte que lorsque les autres créneaux furent remplacés par des balustres, celui-ci échappa à la transformation. Il est aujourd'hui rendu à sa forme primitive.

Sous les créneaux courait une corniche restée en assez bon état de conservation. Un peu plus bas s'ouvre une fenêtre de la même date et dont la destination était de mettre en communication les défenseurs de la tour dans les étages supérieurs. Enfin, on a reconnu les traces des barbacanes qui battaient la courtine.

Des signes de reconnaissance aussi prononcés ne sauraient tromper l'œil d'un archéologue un peu exercé. Ils ont été respectés au double titre de souvenir précieux et d'enseignement architectural.

Ils suffisent pour reconstituer dans la pensée du visiteur, l'aspect défensif de la tour. Elle surmontait de deux étages le mur crénelé qui enserrait l'édifice. Le premier de ces étages, dans lequel s'ouvraient des meurtrières, était abrité par un toit sous lequel les défenseurs échappaient à l'œil de l'assaillant. Le deuxième, percé de créneaux, au nombre desquels comptait celui qui existe encore, était couronné par un toit pointu en forme de pyramide.

Ainsi, l'œuvre de Charles V n'a pas péri tout entière. Elle survit dans une tour qui dresse avec orgueil ses murs régénérés. Elle survit encore dans des vestiges souterrains devenus, par suite des fouilles récentes, des indices du plus haut intérêt pour l'archéologie.

Sous la tour que nous venons de décrire est creusée une cave qui communique avec une salle basse à parois épaisses, prolongée sous la cour du château de seize mètres environ. A l'un de ses angles sont restées intactes la base d'une tourelle et six marches évidemment destinées à communiquer avec les étages supérieurs et non point avec le sol de la cour. Un peu plus loin se dessine un escalier dont la voûte rampante, composée d'arcs superposés, existe encore.

Les murs de cette salle indiquent la direction d'une construction antérieure qui reposait sur leurs vastes bases; ils sont perpendiculaires à la façade ouest du château, celle qui regarde l'église paroissiale, et forment un angle de 25 degrés à peu près avec la façade du nord tournée vers le parterre.

En 1864, on creusa le sol pour la pose de contreforts intérieurs à partir de l'escalier conduisant à la tour de Charles V, ainsi que pour la reprise d'un autre contre-fort sur la cour. Pendant la durée de ce travail, M. Millet rencontra deux murs du xiv$^e$ siècle, identiques par leurs matériaux à ceux de la salle basse, dans une direction exactement parallèle à ceux-ci et distants entre eux de cinq mètres. Quel usage peut-on assigner à ces murailles si elles ne sont des débris bien accentués de l'escarpe et de la contrescarpe qui bordaient le bâtiment assis sur la maçonnerie de la salle basse?

Le 3 janvier 1865, en opérant d'autres fouilles pour augmenter l'épaisseur d'un mur de refend, à l'est de l'escalier d'honneur et à l'extrémité de la façade du nord, la pioche mit à découvert deux autres pans de muraille d'une longueur de six mètres environ, parallèles aux premiers et de même construction. L'un de ces pans est pourvu d'un éperon carré très-saillant qui plongeait probablement dans le fossé.

Ces vestiges se rattachent suivant toute apparence
à ceux qui furent mis au jour l'année précédente. Ils
n'en sont pas toutefois le prolongement direct. Ils indiquent un retour destiné peut-être à élargir ce côté
de l'enceinte et à en augmenter les points de défense,
sans enlever à l'ensemble de la face du nord la direction perpendiculaire suivant laquelle elle atteignait
la face de l'ouest.

Si l'on considère en outre, dans ces débris souterrains, leur parallélisme, d'une part, avec ceux des
murs de la tour carrée dont ils sont comme une
suite, d'autre part, avec les grands côtés de la chapelle, la portion la plus ancienne de l'édifice, on
peut en conclure que la construction antérieure à
l'œuvre de François Ier affectait une forme rectangu-
laire. C'était la figure habituelle des forteresses du
temps.

Trois côtés du rectangle sont nettement dessinés
par la chapelle, la façade de l'ouest restée sur les fondations primitives et les murs souterrains.

La direction des lignes de la tour carrée corrobore
cette opinion.

Le quatrième côté, eu égard aux derniers pans de
mur signalés, a dû être l'objet d'une modification qui
enlevait au quadrilatère sa régularité. Cette donnée
est encore obscure. Androuët du Cerceau, en attestant
que François Ier renversa le vieux château-fort jusque
dans ses fondements, n'a certes pas compris la chapelle dans cette exécution. Un architecte de son mérite ne pouvait se méprendre sur l'antiquité de sa
construction, due suivant toute probabilité, à saint

Louis, à une date antérieure même à l'édification de la Sainte-Chapelle de Paris.

La chapelle du château de Saint-Germain, gracieuse d'aspect, appartient au style ogival le plus pur. Son origine est écrite dans les nervures qui marquent les arêtes de sa voûte hardie, dans ses colonnettes à faisceaux, dans ses fenêtres gothiques d'une structure artistique et savante. Elle mesure 24 mètres de long sur 10 de large.

Elle ne porte cependant pas l'empreinte du créateur de la Sainte-Chapelle, Pierre de Montreuil. La conformité qu'elle offre, en certains points, avec les monuments gothiques de la Bourgogne et de la Champagne, semble indiquer qu'elle fut érigée d'après les plans d'un architecte appartenant à l'une ou à l'autre de ces provinces. Cette hypothèse repose sur les dessins des passages inférieurs qui la pourtournent dans l'intérieur des piles, au-dessus de l'arcature basse et sur celui des chéneaux dont le dessous est apparent à l'intérieur.

Elle présente, en outre, un fait unique ou du moins sans analogie connue dans la construction gothique. Ses fenêtres sont rectangulaires au lieu d'être ogivales dans leur partie supérieure, de manière à laisser tout l'intervalle entre les contreforts totalement à jour, sans rien enlever à l'édifice de son caractère architectural. Les contre-forts et les arcs intérieurs qui supportent à eux seuls la toiture et les voûtes affirment le motif bourguignon.

La position de la chapelle a fait naître une nouvelle conjecture dans l'esprit de M. E. Millet, relativement à la forme pentagonale du château.

Dans l'axe de l'abside était percée la croisée principale obstruée sous Louis XIV pour l'édification d'un pavillon. Ne peut-on supposer que l'architecte de la Renaissance, afin de respecter cette fenêtre, a continué le bâtiment du sud suivant une direction oblique et imprimé cette direction à l'aile qui lui est opposée?

Il n'avait eu garde, en effet, d'engager l'abside dans ce bâtiment, mais deux petites travées seulement pour faire le raccord, de manière à permettre à la lumière de descendre sur le chœur.

Si tel ne fut pas le motif de l'obliquité de deux ailes par rapport à la façade de l'ouest, ce fut du moins une idée heureuse que la conservation de la croisée de l'abside.

Les architectes du moyen-âge, qui joignaient au sentiment de l'art le sentiment religieux, n'eussent jamais songé à sa suppression. Jamais ils n'eussent imaginé ces autels à la romaine surchargés d'ornements, qui montent à la voûte en laissant l'abside dans l'obscurité.

Il leur paraissait plus poétique et plus digne de la majesté du sanctuaire que le soleil levant dorât l'autel de ses premiers rayons. Ce resplendissement de l'aurore à travers les vitraux gothiques, ce lever de l'astre du jour, source de vie et de lumière, inondant de ses feux naissants la table du sacrifice, jetaient dans l'âme du fidèle une sorte de pieux ravissement et lui inspiraient une pensée de gratitude pour les bienfaits du Créateur.

Restauration du château de Saint-Germain-en-Laye.

## IV

### LA RENAISSANCE.

En résumé, François I<sup>er</sup>, qui voit dans la magnificence du site de Saint-Germain et dans l'opulence de
sa futaie giboyeuse tous les charmes d'une retraite
royale, se décide à réédifier la résidence de ses prédécesseurs.

Mais il ne faut pas regarder cette entreprise comme
un caprice de son omnipotence. Elle lui est inspirée
par des sentiments et des mobiles plus relevés, par le
goût des belles choses; par l'ambition de doter le
royaume de monuments conformes à l'esprit nouveau
et par la nécessité de pousser l'humanité dans la voie
du progrès sans lequel les générations s'immobili-
sent et s'atrophient, mobiles et sentiments qui se ma-
nifestent aujourd'hui sur le trône par les plus éclatants résultats.

Les premiers artistes du monde vont concourir à
cette transformation. Quand des architectes comme
Philibert Delorme, Pierre Lescot, Jean Bullant et
Serlio auront agrandi ou relevé les demeures royales,
que les pinceaux du Primatice, d'André del Sarto,
de Léonard de Vinci, en auront décoré les lambris
d'œuvres immortelles, que Jean Goujon y aura fait

revivre le marbre, quand Bernard Palissy les aura revêtus de ses riches émaux, le Roi poëte et chevalier y réunira la cour la plus brillante du monde et se fera un titre de gloire d'y donner l'hospitalité aux savants et aux érudits de son temps, Jean Lascaris, Michel Bruto, Alamani, Clément Marot, Ronsard, Budé et peut-être Érasme et Thomas Morus.

Le château de Saint-Germain était une forteresse quadrangulaire. François I<sup>er</sup> jette à terre ses murs crénelés, mais respecte le donjon de Charles V et la chapelle de Louis IX, et donne à la nouvelle construction une forme pentagonale.

Sur le côté de l'ouest, dont il conserve les fondations, il élève une magnifique galerie qui répond à des besoins nouveaux, c'est la salle des fêtes et des spectacles de la Cour, — cent quarante-et-un pieds de long sur quarante de large, — c'est sans contredit la plus belle et la plus remarquable du royaume. Sa façade est encore debout. Les briques dont elle est composée ont été masquées depuis, à une époque difficile à préciser, d'un enduit qui simule la pierre de taille. Elle surpasse en hauteur les murs du premier château, ce qui a fait dire à quelques écrivains que François I<sup>er</sup> avait élevé d'un étage la construction de Charles V. Cette disposition a engagé le donjon dans l'enceinte exhaussée, il est donc impossible à l'architecte actuel, en raison de la surélévation, de rendre à cet antique souvenir sa physionomie primitive.

La salle des fêtes, qu'on appelait aussi la *salle de Mars*, est ornée d'une cheminée monumentale du XVI<sup>e</sup> siècle, de pierres et de briques rouges en parfait état de conservation. Les armes de France et la Salamandre, sculptées au-dessus du manteau, constatent l'authenticité de son origine.

Par une erreur inexplicable, les fleurs de lys, *deux et une* sur l'écu de France, ont été dessinées *une et deux* sur cette cheminée par le ciseau de l'artiste.

La nécessité de cette vaste galerie fit malheureusement sacrifier la face ouest de la chapelle, contre laquelle elle fut adossée.

Voici comment ce détail vient de se révéler. En sondant cette face, l'architecte a trouvé sous la maçonnerie une admirable rosace, découpée à jour et du même style que les fenêtres.

Le sol de la cour fut exhaussé, mais, pour respecter le vaisseau de la chapelle, dont le dallage n'avait plus le même niveau, on dut y pratiquer sept marches.

Une grande partie des détails trahit une direction italienne dans les constructions et un parti pris du monarque de créer un spécimen d'architecture dont il avait trouvé le modèle au-delà des Alpes.

A l'intérieur de la cour, les murailles s'élèvent en arcs superposés et non dépourvus d'élégance. Des tourelles qui existent encore furent établies aux angles rentrants pour le service des étages.

« Le bâtiment fut élevé en peu de temps, » avons-nous lu dans le manuscrit du porte-arquebuse Antoine. Les travaux en cours d'exécution ont pu confirmer cette assertion. On a reconnu qu'une portion de la cour a été bâtie en pierres de taille et l'autre en briques recouvertes de ciment. Il faut en conclure que, pressé par le temps, l'architecte a manqué de matériaux et que, pour ne point attendre l'arrivée de la pierre, il s'est contenté de briques probablement cuites sur place.

Au dehors se dressait aux angles, à part celui du donjon, une tour ronde surmontée d'une plate-forme de laquelle on pouvait, autant que le permettait la forêt, découvrir le pays environnant et suivre de l'œil la marche d'un ennemi.

L'édifice entier fut couvert d'une terrasse. C'était, en France, le premier exemple d'une telle construction. Un développement de terrasses de 3,000 mètres environ de superficie pouvait passer, sous notre climat, pour une grande nouveauté.

Il existe encore d'autres dispositions qui ne correspondent point aux habitudes de l'époque. On a eu recours à l'emploi du fer pour maintenir l'écartement des voûtes de l'étage supérieur. Nos architectes n'avaient pas l'usage de cette méthode, qui a eu pour conséquence une certaine déviation dans les contre-forts et dans les galeries supérieures.

On a écrit que dans l'intérieur de la cour étaient scellés quatre médaillons de Bernard Palissy. Ces médaillons, déposés après la Révolution au musée des Petits-Augustins, et qui représentent des sujets allégoriques, font aujourd'hui partie des collections du Louvre. Ils proviennent incontestablement de la décoration de quelque salle du château, mais non de la cour, car ils ne s'adaptent pas aux cadres qui surmontent symétriquement les éperons à la hauteur de l'appui de l'entre-sol et qui, seuls, eussent pu les recevoir.

Les larges fossés furent conservés. On les traversa sur deux ponts, l'un couvert, à l'angle du bâtiment qui regarde le parterre et la rivière, l'autre exclusivement réservé pour le roi et son cortége, et donnant sur la place actuelle du château. Une petite passerelle, destinée au service, se trouvait près de l'abside de la chapelle.

Une heureuse combinaison de la pierre et de la brique rouge dans les cintres des croisées, dans les pilastres et les frontons imprimait à l'édifice une physionomie méridionale des plus pittoresques. On en ceignit la base d'une ligne de machicoulis qui rappelait le moyen-âge et supportait une galerie couverte comme suspendue à ses flancs. On entoura la terrasse d'une balustrade découpée à jour telle qu'un diadème au royal monument. Enfin, sur cet ensemble harmonieux, on jeta à profusion les vases sculptés, les riches gargouilles, les encorbellements et les médaillons dont la ciselure perpétuait les attributs du souverain : chiffres (FF), salamandre et couronne de France.

Du côté de l'occident, une construction spéciale fut destinée aux divers services du château et au logement des troupes de garde.

Androuët du Cerceau, qui contempla cette merveille dans tout son éclat, l'a dessinée avec amour, mais il ne nous en a laissé qu'une assez aride description. Nous y empruntons ce qui suit :

« Les parements, tant en dedans qu'en dehors,

sont de brique assez bien accoutrée. En aucuns corps
de logis, y a quatre étages. En celui de l'entrée, y en
a deux, dont le deuxième est une grande-salle.

» Les derniers étages sont voultés, chose grande-
ment à considérer à cause de la largeur des membres.
Vrai est qu'à chacun montant y a une grosse barre
de fer traversant de l'un à l'autre avec gros cram-
pons par dehors tenant lesdites voultes et murailles
liées ensemble et fermes. Sur ces voultes et par tout
le dessus du circuit du bâtiment est une terrasse de
pierres de liais qui fait la couverture, lesquelles portant les unes sur les autres et descendant de degrés
en degrés commencent du milieu de la voulte un peu
en pente jusqu'à couvrir les murailles. Et est cette
terrasse à ce que je crois la première de l'Europe
par sa façon et chose digne d'être vue et considérée.»

Des divers points de cette terrasse, dont la réputation devint européenne, l'œil plonge dans un horizon merveilleux et infini.

Antoine constate la complaisance que mit la nature
à créer le site de Saint-Germain et révèle, à ce sujet,
un moyen de télégraphie que l'ingénieuse galanterie
pouvait seule imaginer :

« Henri IV ayant fait allumer du feu la nuit
sur l'un des côtés du haut du château, il fut vu de
celui de Montceaux, qui en est éloigné d'environ
quinze ou seize lieues, où était pour lors Gabrielle
d'Estrées. » (1).

---

1) Le château de Montceaux, situé à quelques kilomètres de
Meaux, offre encore des vestiges imposants de son ancienne beauté.

## V

### APPRÉCIATION SUR LE CHATEAU AU XVI⁰ SIÈCLE.

Cet édifice, pour se défendre, ne comptait pas seulement sur ses fossés profonds, sur ses ponts-levis, sur ses tourelles, sur ses machicoulis et sa position dominante, il était, avec toutes ses dépendances, entouré d'une enceinte continue, percée de portes monumentales, et l'on regardait au xvi⁰ siècle Saint-Germain en Laye comme une des bonnes forteresses du royaume.

Une carte de l'*Isle de France et lieux circonvoisins*. gravée sous Henri IV, nous fournit la nomenclature exacte des villes fortes de la province à cette époque. Déjà Paris était bien protégé par les canons d'alentour, et voici les places de guerre dont cette cité était environnée dans le rayon le plus rapproché : Saint-Germain, Poissy, Pontoise, Mesnil, Saint-Denis, Lagny, Brie-Comte-Robert, Corbeil, Melun, Chartres, Montlhéry, Montfort-Amaury et Neauphile.

Le discours *de l'Entreprise de Saint-Germain*, en fevrier 1654 (1), entreprise dans laquelle la reine-

_____

(1) *Mémoires de l'État de France sous Charles X.*

mère voulut bien découvrir une conspiration, et qui aboutit à la décapitation de la Mole et de Coconnas, mentionne l'importance de cette place et nous fait connaître le personnel exact de sa garnison en cette année.

« Plusieurs, dit l'historien, ne voyoyent aucune apparence en ceste entreprise qu'on disoit avoir été dressée par le duc d'Alençon et le roy de Navarre contre le roy, et ce pour diverses raisons.

» Premièrement, on consideroit la force et l'assiette du château de Sainct-Germain, qui est telle que trente mille hommes ne le sçauroyent prendre sans canons.

» En second lieu, il y avoit des gens de pied tant François que Suysses bien armez, en nombre de plus de quinze cens; les archez de la garde du roy, sa garde d'Écossois, sa garde ordinaire des Suysses, la garde de la royne-mère, la bonne compagnie de gentilshommes amenés par le duc de Lorraine, ceux du cardinal de Lorraine, des ducs de Guise, d'Aumale et aultres de ceste maison, tenue ennemie du duc d'Alençon et du roy de Navarre, faisoient nombre en tout de trois mille hommes, outre le demeurant de la cour, composé de gens au commandement de la royne-mère et de ses officiers.

» Qui croira que deux ou trois cents hommes de cheval eussent été si inconsidérés que d'avoir entrepris de venir tuer le roy et la royne sa mère avec leurs conseillers dans un chasteau si fort, si bien gardé et fortifié de gens de guerre, comme, dit-on,

de seigneurs, gentilhommes et soldats qu'estoit celui
de Sainct-Germain, dans un beau grand bourg ou
les maisons valent tant (comme gens de guerre sçavent) contre ceux qui veulent faire invasion ou exécuter entreprise dedans? »

# VI

## HENRI IV ET LE CHATEAU NEUF.

Ces hautes murailles pourvues de fossés, ces ponts-
levis qui rappelaient l'ère féodale, n'eurent pour
Henri IV que de faibles charmes. Un château-fort lui
praissait plus agréable à prendre qu'à habiter. Celui
de Saint-Germain, qui conservait un faux air de citadelle perdue dans les bois avec son double cordon de
sentinelles et de machicoulis accommodés au style de
la Renaissance, et sa cour unique, qui guettait un
rayon de soleil le matin à l'orient, le soir à l'occident, avait un aspect bien sévère aux yeux d'un souverain vaillant comme Mars, mais pratique avant tout.

Que d'attraits ne présenterait pas au contraire une
habitation de plain-pied sur la colline qui commande
la Seine, à l'aise dans de vastes cours où circuleraient
librement chevaux et carrosses. Quel agrément dans
un entourage de fleurs, d'arbustes, de ruisseaux et
de cascades qui s'inclineraient en pente douce jusqu'à la rivière !

Comme on respirerait à l'aise au milieu de cet immense horizon. Les tours de Notre-Dame, vibrantes
encore du tocsin de la sédition, n'y apparaîtraient
que juste comme il convient au dernier plan d'un
beau panorama, dans un lointain brumeux.

Quels ébats prendraient les enfants de France sur les tapis verts d'une luxuriante verdure et sous le ciel des champs, qui n'a rien de commun avec le ciel des cités. Et pour les grands, quel rire de bon aloi dans le cher oubli de la question du jour, qui, en ces temps-là, s'appelait la Ligue, la Réforme, la Faction espagnole ou la Conspiration de Biron !

Ainsi pensait Henri IV, ainsi fut-il fait selon sa volonté.

A 400 mètres du château de François Ier s'éleva une nouvelle ligne de beaux bâtiments coupés en leur centre par un portail de douze colonnes de pierres ciselées. Ils circonscrivaient une cour d'honneur hexagonale, et plusieurs autres cours. Deux ailes perpendiculaires à la façade principale s'étendaient jusqu'au point culminant de la colline du Pecq et se terminaient par deux pavillons encore debout et dont l'un, bien connu, conserve le nom de pavillon Henri IV.

Ils étaient soutenus par une terrasse monumentale, garnie de balustrades sculptées. On la quittait par deux rampes en fer à cheval pour se perdre dans des jardins et sur d'autres terrasses échelonnées en gradins jusqu'à la Seine.

Sur le versant de la colline, à la voix du prince, un monde va surgir du néant. Un génie mystérieux préside à l'enfantement d'une œuvre complexe que les contemporains ont célébrée à l'égal de la huitième merveille du monde. Suivant eux, les fabuleux jardins de Babylone ou d'Armide cessent d'être une fiction de la poésie. Ils ont pris un corps, ils existent.

**2**

Les mécaniciens les plus consommés de France et d'Italie, les jardiniers, les statuaires, l'art hydraulique, s'y disputent la palme du goût et de l'industrie.

Un président de la généralité de Lyon, Claude de Maçonnis, vient de découvrir le moyen d'élever les eaux au-dessus de leur source. Ce secret, origine de féeriques surprises, sera exploité sur une grande échelle.

Veut-on savoir à quel degré d'enthousiasme montent les récits des écrivains de l'époque?

« Henry quastrième, dit Du Chesne, a fait bâtir un nouveau chasteau sur ceste croupe de montagne pratiquée sur les flancs du rocher, plus proche de la rivière, auquel il n'a rien épargné de ce qui pouvait éclairer sa gloire et relever son honneur au haut poinct.

« L'escalier qui est à l'entrée, où sont gravées les images d'Hercule et d'un lyon, les fontaines, les ruisseaux frais et argentins qui coulent au fond des petits vallons pour rafraîchir les plantes et les fleurs des parterres, et compartiments des jardins, y sont admirables; mais, sur tout cela, les grottes auxquelles il semble que les plus rares merveilles de la terre, ayant résolu de suborner les sens, enivrer la raison, et peu à peu dérober l'âme de ceux qui les regardent ou entendent, leur font perdre le sentiment, soit de l'œil, soit de l'ouye. »

Il est vrai que dans une disposition savante de verdure, de fleurs, de grottes et de bassins, toute la mythologie s'agitait sous la force motrice de l'eau.

Les Tritons nageaient, Persée plongeait le dragon dans les ondes, et volait vers Andromède; les nymphes donnaient des concerts en promenant leurs doigts de marbre sur le clavier d'un orgue, et les oiseaux répondaient à ces accords par leurs chants joyeux. Fidèle aux traditions de la Fable, Orphée faisait vibrer les cordes de sa lyre, et les animaux accouraient à cette mélodie.

Ailleurs, des décors d'un luxe inconnu jusque-là préludaient aux magnificences de l'Opéra, et des troupes d'automates lancées sur la scène offraient aux visiteurs les représentations les plus riantes ou les plus dramatiques.

Ce site enchanté, le plus beau du monde, objet d'envie et d'admiration pour les étrangers, n'était pas le seul mérite du château neuf, ainsi surnommé par opposition à son aîné, le vieux château de François Ier.

A droite et à gauche, sur l'emplacement du boulingrin et des quinconces de marronniers, se développaient, symétriques et fleuris, de vastes jardins, délices du monarque, jardins qui communiquaient de plain-pied dans les appartements. Celui de droite était la promenade favorite de la reine, celui de gauche eut les préférences de Henri IV. Protecteur de l'industrie séricicole, il y avait fait planter une allée de mûriers blancs, destinés aux vers à soie, dont il se plaisait lui-même à faire l'éducation. D'accord avec Sully sur les sources de la richesse d'un pays, il voulait établir une magnanerie à Saint-Germain.

Ainsi, loin de la discorde et des armés, se reposait le plus populaire de nos rois. Là se passa l'enfance des dauphins, Louis XIII qui fut élevé dans ce paradis terrestre, Louis XIV qui y vint au monde.

Les annales du château neuf sont riches en anecdotes.

Le président Fauchet, auteur des *Antiquités françaises et gauloises,* se recommandait à la sollicitude du monarque.

Comme ce magistrat était pourvu d'une belle tête et d'une belle barbe, Henri IV crut faire assez pour la gloire de l'écrivain, en plaçant son image en bronze dans les jardins de Saint-Germain sous la forme d'un fleuve et en la lui montrant.

Le président avait sans doute éprouvé, comme au temps d'Homère, que la gloire ne nourrit pas l'homme de lettres, il quitta l'hôte royal en lui décochant ce trait de Parthe :

« J'ai trouvé dedans Saint-Germain
De mes longs travaux le salaire.
Le roi de bronze m'a fait faire
Tant il est courtois et humain.
S'il pouvait aussi bien de faim
Me garantir que mon image
Ah ! que j'aurais fait bon voyage
J'y retournerais dès demain.
Viens, Salluste, Tacite, et toi
Qui as tant honoré Padoue,
Venez ici faire la moue
En quelque coin ainsi que moi. »

Bon prince autant qu'homme d'esprit, Henri IV riposta à cette boutade par une pension de 600 écus et le titre d'historiographe de France.

Encore une aventure; on ne la lira pas sans intérêt. Il s'agit d'un incident qui mit en danger les jours de Henri IV et de la reine.

Nous en empruntons le récit à un petit ouvrage sur ce prince : *Les amours du grand Alcandre*, attribué à mademoiselle de Guise, fille du Balafré et de Catherine de Clèves.

« Il se présenta une occasion qui causa bien du bruit, et véritablement fut étrange. Ce fut que le roi et la reine étant allés à Saint-Germain, leur carrosse, en entrant dans le bac de Neuilly, versa dans la rivière. Ils n'avaient alors avec eux que le duc de Montpensier et la princesse de Conti. Le roi ni le duc de Montpensier ne furent point mouillés, ayant assez à temps sauté par-dessus la portière ; mais les dames burent un peu sans soif et coururent fortune. Quelques jours après, le roi étant allé voir la marquise de Verneuil, elle lui dit combien elle avait été en peine pour lui en cette chute ; mais que si elle y eût été, le voyant sauvé, elle n'eût put s'empêcher de crier : *La reine boit.*

C'était légèrement impertinent. Le journal de l'*Étoile* ajoute :

« Cet accident guérit le roi d'un grand mal de dents qu'il avait, dont le danger étant passé, il s'en gaussa, disant que jamais il n'y avait trouvé meilleure recette. Au reste, qu'il avait mangé trop salé à dîner, et qu'on avait voulu le faire boire après. »

Cet événement décida la construction d'un pont à Neuilly. Ce monument ne dura que trente-cinq ans et fut remplacé par le magnifique pont que l'on voit aujourd'hui et dont la longueur est de 250 mètres. Il fut inauguré avec solennité par le roi Louis XV, qui le franchit le premier dans sa voiture.

Les splendeurs du château neuf éclairèrent à peine trois règnes; elles dataient du commencement du XVIIᵉ siècle. En 1660, une des terrasses qui soutenaient les jardins s'écroula, et entraîna dans sa ruine un Mercure monumental de bronze qui trônait, soutenu par quatre dauphins, au centre d'un bassin de marbre jaspé. Ce groupe, originaire de Florence, fut transporté à Versailles.

L'agrandissement du vieux château, par Louis XIV, Versailles ensuite, décidèrent la perte du château neuf.

Abandonné pour d'autres grandeurs, il tomba dans un délabrement complet. L'excès de sa beauté fut une des causes de sa décadence. L'infiltration des eaux destinées à l'ornement de ce gracieux amphithéâtre de terrasses et de jardins le conduisit à un dépérissement précoce.

En 1776, le comte d'Artois, auquel il fut cédé, le fit démolir pour le reconstruire sur de nouveaux plans. Le moment était mal choisi ; on détruisait alors, l'entreprise avorta.

Aujourd'hui il ne reste plus, de l'œuvre de Henri IV, que trois pavillons restaurés, avec quelques vestiges défigurés de ces belles terrasses — la huitième merveille du monde : — *sic transit gloria mundi*.

# VII

## LE CHATEAU SOUS LOUIS XIV.

Elevé sous les ombrages du château neuf, Louis XIII, y termina ses jours.

Ce prince ne s'occupa du vieux château que pour en modifier la chapelle. Mais ce fut une modification malheureuse et dont l'architecte qui l'exécuta ne dut pas tirer grand honneur.

Au temps de saint Louis, on descendait dans le sanctuaire par une seule marche. Sous François I<sup>er</sup>, l'exhaussement du sol environnant obligea d'en construire sept. Cette différence de niveau déplut à Louis XIII. Il établit une communication de plain-pied avec la cour, en élevant le sol de la chapelle, disposition qui troubla l'harmonie générale, altéra les proportions, ce que ne compensait pas l'avantage médiocre d'une entrée plus commode.

M. Millet a déblayé ce dallage pour restituer à l'édifice son développement intérieur. Sous la pierre il a rencontré l'arcature inférieure du monument avec ses colonnettes, les piles qui séparaient les travées, le fleuron du couronnement du pignon principal et d'autres débris en grand nombre. Ces fragments,

contemporains de saint Louis, étaient mélangés avec
d'autres fragments de l'époque de François I$^{er}$ : balustres, gargouilles et couronnes royales. La surélévation exigée par Louis XIII s'était produite au moyen
de cette agrégation d'éléments hétérogènes.

Ce prince ne recula pas devant une mutilation plus
regrettable encore : ce fut la destruction des belles
croisées rectangulaires semblables à celles de la cour
et illuminées par les feux du midi. Elles furent sacri-
fiées pour continuer le passage couvert qui contourne
le premier étage du château.

Louis XIII orna l'intérieur de la chapelle avec opulence. Il y construisit une tribune royale, répandit
l'or sur les murailles, les revêtit de peintures esti-
mées, dues au pinceau d'Aubin Vouet, et plaça au-
dessus du maître-autel la *Cène* de Nicolas Poussin,
devenue une des toiles les plus précieuses du Louvre.
Cette richesse d'ornementation était-elle de bon goût
malgré sa valeur artistique ? N'enlevait-elle pas à
l'édifice sacré son caractère, en interrompant la régularité de ses lignes et en déguisant la sévérité de sa
forme gothique ?

C'est dans cette chapelle que fut baptisé, à l'âge de
quatre ans, le dauphin, fils de Louis XIII. A l'issue
de la solennité, ce monarque, dont l'agonie commençait, reçut le jeune prince et lui demanda quel nom
on lui avait donné, — Je m'appelle Louis XIV, dit
l'enfant, réponse caractérisque où perce le sentiment
exagéré de la puissance royale qui lui fera dire un
jour : « L'État, c'est moi ».

Après la mort de Louis XIII, la reine régente et le jeune roi abandonnèrent Saint-Germain. Le château fut habité par Henriette d'Angleterre, veuve de Charles Iᵉʳ, fille infortunée de Henri IV, qui, au Louvre, gardait le lit faute de bois.

Comme elle n'avait à Saint-Germain qu'un pied-à-terre, on démeubla les appartements.

Or, six ans plus tard, pendant la Fronde, la Cour fut forcée de s'enfuir à Saint-Germain, et madame de Motteville raconte en ses mémoires que cette invasion brusque et inattendue y fit *renchérir la paille*. A peine y put-on trouver des logements pour le roi et la reine. On se vit réduit à congédier les pages de la chambre qu'on ne pouvait loger.

Un jour, Louis XIV, dont la Cour s'augmentait par la création de la maison militaire et celle d'une quantité de charges nouvelles, se trouva trop à l'étroit dans la demeure de ses pères et en ordonna le développement.

Colbert confia cette mission à Mansard, dont la réputation commençait à poindre. Les travaux durèrent de 1675 à 1682, et coûtèrent un million six cent mille livres.

Mieux eût valu, à l'exemple de Fontainebleau, élever un deuxième château aux côtés de l'ancien, en lui imprimant ou non, le caractère de la première œuvre.

On eût pu encore développer l'édifice au moyen d'ailes symétriques qui eussent embrassé une nouvelle cour du côté de la forêt; l'espace ne manquait

3.

pas : ni l'un ni l'autre de ces projets ne furent adoptés, et l'on se demande comment un architecte
auquel la postérité doit tant de belles œuvres, dé-
guisa avec si peu de goût la délicate création de
François Ier.

Pour avoir détruit l'originalité du monument sans
la remplacer, il faut supposer que Mansard n'eut pas
le choix des moyens.

Voici en effet sa décision. Il abattit les élégantes
tourelles qui arrondissaient les angles des hautes
murailles, à l'exception du donjon, qui resta à peu
près intact, et enveloppa ces angles dans cinq énor-
mes pavillons assez semblables à des bastions. Les
façades, si bien découvertes pour ne rien perdre des
beautés du site, disparurent en partie sous cette in-
forme maçonnerie qui projetait de grandes ombres
sur ses environs et noyait les appartements dans une
demi-obscurité.

Il fallut sacrifier, pour arriver à l'intérieur des
pavillons, de vastes salles qui leur servirent de vesti-
bules, en sorte que l'espace gagné fut loin d'être
considérable. C'est en vain que par la combinaison
de la brique et de la pierre on s'efforça d'accom-
moder ces appendices puînés au style italien du monument primitif, on ne réussit qu'à dénaturer un
ensemble coquet, à l'écraser, sous cette quintuple
masse et à rétrécir la perspective dans un arc de
cercle borné.

Le passage couvert qui contournait le château disparut pour faire place à un balcon de fer dont les

supports seuls sont remarquables par le travail de la serrurerie.

Un écrivain du nom de Lelaboureur, ami de madame de Scudéry, lui raconte dans un opuscule de 1669, intitulé : *la Promenade de Saint-Germain en Laye*, que depuis deux ans on y a construit par ordre de Colbert un magnifique balcon le long des appartements du roi et de la reine, du côté qui regarde le nord.

« Toute la Cour, dit-il, donne le nom de terrasse à ce balcon, et, en effet, il est assez large pour qu'on l'appelle ainsi. M. Lebrun, avec qui nous avions fait la partie, nous mena d'abord sur cette terrasse. La compagnie fut surprise et charmée d'une vue si accomplie, il n'y eut personne qui ne s'imaginât être transporté dans l'ancienne Assyrie ou dans l'ancienne Égypte par la machine de quelque songe, et se trouvât dans ces jardins suspendus dont on fait tant de bruit. »

Cette fameuse terrasse a disparu dans la reconstruction de la nouvelle façade.

Mansard fit élargir et creuser les fossés pour recevoir la maçonnerie de ses pavillons. Les terres qu'on en tira élevèrent le sol d'environ trois pieds du côté du parterre. On les maintint par un mur de soutènement. Le pont-levis et le pont couvert disparurent. L'entrée d'honneur en face des bâtiments de service ne présentant pas l'espace suffisant pour la circulation et le développement du cortége royal, une autre porte fut ouverte entre les deux pavillons de la façade

de l'est. Des gravures de l'époque y représentent le
défilé des carrosses du roi à travers une double haie
de Suisses et de Garde-Françaises dont les rangs s'é-
largissent en éventail.

Des modifications successives ont altéré la physionomie de cette entrée, que l'on mura alors que le château fut attribué à la justice militaire. Néanmoins on
voit encore au-dessus de la porte deux Victoires du
xvii° siècle, soutenant la couronne royale au-dessus
de l'écusson de France. Ces deux derniers attributs
sont restés inachevés.

Le pavillon nord-ouest reçut le campanile de l'horloge. Renversé en 1683 par le feu du ciel, il fut rétabli
et recouvert en plomb. Ce point culminant fut choisi
par Cassini pour ses observations astronomiques.

En même temps que Louis XIV agrandissait ainsi
le château, il y créait ou développait les dépendances : le manége, l'hôtel du Maine, le chenil, le jeu
de paume, l'orangerie, la surintendance, les écuries
et l'hôtel extraordinaire des guerres.

D'après un manuscrit, reproduit dans l'ouvrage
de Dulaure sur les environs de Paris, il résulte que,
de 1675 à 1682, période de transformation du château,
on dépensa, tant pour ce monument que pour ses an-
nexes, la somme de 2,700,000 livres.

Un fait assez caractéristique, c'est qu'à peine réparé
et modifié, le château fut abandonné par Louis XIV.
Le monarque rêvait d'autres splendeurs, et Versailles
sortit d'un marais. Mansard y fut plus heureux qu'à
Saint-Germain.

Saint-Simon apprécie en ces termes cette déser-
tion : « Saint-Germain, lieu unique pour rassembler
les merveilles de la vue, l'immense plain-pied d'une
forêt toute joignante, unique encore par la beauté de
ses arbres, de son terrain, de sa situation, l'avantage
et la facilité des eaux de source sur cette élévation,
les agréments admirables des jardins, les hauteurs
des terrasses qui les unes sur les autres, pouvaient
aisément se conduire dans toute l'étendue qu'on aurait voulu, les charmes et les commodités de la Seine,
enfin une ville toute faite et que la position entretenait par elle même, le roi l'abandonna pour
Versailles, le plus triste et le plus ingrat de tous les
lieux. »

En 1689, Jacques II, roi d'Angleterre, vint demander asile au roi de France. C'était une occasion
d'utiliser Saint-Germain. On donna pour demeure au
roi découronné le château restauré.

Lorsque Mansard réédifiait le vieux château, Lenôtre entreprenait la restauration des jardins. En
1676, il éleva cette admirable terrasse qui commence
au pavillon Henri IV et va se perdre dans la forêt en
longeant les futaies sur une étendue de 2400 mètres.
Elle doit à la magnificence de son panorama sa réputation européenne.

François Ier avait songé au point de vue en abat-
tant autour du château les arbres qui le masquaient.
Au nord, un jardin les remplaça. Lenôtre substitua
à de modestes plates-bandes une ingénieuse combinaison de pierres et d'arbustes, de buis taillés, de

bassins et de fleurs, et créa un parterre enchanteur, comme on n'en voit qu'à Versailles.

La façade du château s'harmonisa avec ces plantations. Un perron de 80 pieds de large régnait sur toute la largeur du jardin et permettait d'y descendre. En face régnait un autre perron de 160 pieds de long surmonté de deux autres perrons de 20 pieds chacun.

Cette décoration qui ne manquait pas d'une certaine grandeur, disparut avec l'orangerie vers le milieu du XVIIIe siècle.

L'histoire de Saint-Germain en Laye consacre quelques anecdotes à Louis XIV.

Nous empruntons la suivante à Voltaire (1) :

« Le roi, qui excellait dans la danse grave, dansa dans les ballets jusqu'à 1670. Il avait alors trente-six ans. On joua devant lui à Saint-Germain la tragédie de *Britannicus*. Il fut frappé de ces vers :

« Pour toute ambition, pour vertu singulière,
» Il excelle à conduire un char dans la carrière,
» A disputer des prix indignes de ses mains,
» A se donner lui-même en spectacle aux Romains. »

» Dès lors, il ne dansa plus en public, et le poète réforma le monarque. »

Le 20 janvier 1681, on représenta sur la même scène, dans la grande salle des Fêtes et devant la plus noble et la plus brillante des assemblées, un ballet :

(1) *Siècle de Louis XIV.*

*le Triomphe de l'Amour*, où les femmes parurent, dit-on, pour la première fois.

Dulaure prête à Louis XIV une faiblesse dont d'autres historiens se sont faits les complaisants échos, mais qui ne mérite qu'une confiance médiocre.

Il prétend que ce souverain abandonna Saint-Germain par effroi du clocher de Saint-Denis, dont la silhouette se dressait à l'horizon. « Cette résidence, ajoute-t-il, en présentant sans cesse à sa vue le terme de sa gloire et le lieu de son tombeau, l'aurait maintenu dans des idées lugubres et affligeantes. »

Le motif peut paraître ingénieux à ceux qui ne songent qu'à glaner des originalités piquantes dans les champs moissonnés de l'histoire, mais il est puéril et indigne d'un prince qui montra dans le cours de son existence les sentiments d'un grand cœur et donna les preuves d'une énergie qui le place au-dessus des terreurs de la mort. Comme ceux de sa race, il sut mourir en roi.

S'il délaissa Saint-Germain, c'est que Saint-Germain ne répondait plus à la splendeur du trône et aux aspirations du plus magnifique et du plus prodigue des rois de France.

# VIII

## LE CHATEAU DU DIX-NEUVIÈME SIÈCLE.

Malgré les libéralités de Louis XIV, qui permirent à Jacques II de soutenir le luxe d'une cour princière, on peut faire dater du séjour du roi d'Angleterre à Saint-Germain le commencement de la langueur et de la décadence du vieux château.

Ce favori disgracié descendit du faîte de la grandeur aux échelons les plus bas des misères humaines. Il eut pour dernière destination d'abriter les douleurs et le repentir du condamné.

Nous allons le suivre brièvement dans ses tristes vicissitudes.

Jusqu'au jour de la Révolution, la royauté se borna à prévenir la ruine des bâtiments dépossédés de leurs hôtes.

En 1793, on les convertit en prison provisoire pour les suspects. Le Comité de salut public de Paris examina si la cour même de l'antique palais de nos rois ne conviendrait pas à l'emplacement d'une guillotine, afin d'éviter les frais de transport des victimes et d'accélérer l'exécution des sentences.

Le 9 thermidor paralysa l'effet de cette sollicitude touchante pour les intérêts du trésor et les arrêts de la justice, et le bourreau n'eut pas le loisir de souiller cet asile.

L'année suivante, on décréta le morcellement du parterre. Quelques parcelles de terrain furent soumissionnées et livrées à la charrue. Il eût été véritablement regrettable de ne pas nourrir les héros de l'émeute avec le blé récolté dans les jardins du tyran. Cependant le bonheur d'une telle idée, ingénieuse au point de priver les habitants de leur unique promenade, ne fut pas apprécié par le conseil général de la commune. Il eut le mauvais goût de crier à la profanation et fut assez puissant pour l'arrêter.

Le fisc révolutionnaire se dédommagea sur les bâtiments du château, et les mit en location. Puis, le couvent des Loges, abandonné par les religieuses Augustines, fut transformé en poudrière.

En 1798, la ville de Saint-Germain fut classée au nombre des places de guerre de la République, et le château reçut une garnison de vétérans.

Un arrêté du Premier Consul y ordonna, en 1803, l'établissement d'un hôpital pour le traitement des maladies contagieuses. Cette mesure n'eut pas de suite devant l'opposition unanime de la population.

Le 8 mars 1809, un décret impérial y organisa l'école de cavalerie dont la chute accompagna celle de l'Empire.

Deux ans après, le gouvernement racheta le couvent des Loges et ses dépendances pour en faire une

maison d'éducation destinée aux orphelines de la Légion d'honneur.

En 1815, le château, qui avait servi d'ambulance
au moment de l'invasion, fut occupé par un corps de
troupes de 10,000 Anglais qui trouvèrent moyen de
s'y loger.

Sous la Restauration, le Roi assigna Saint-Germain comme résidence à deux compagnies de ses
gardes du corps, celle de Gramont et celle de Luxem-
bourg. On caserna la première dans le château ; la
deuxième, d'abord dispersée en ville, fut ensuite con-
centrée dans un bâtiment construit pour elle, en
1823, par le génie militaire de la maison du roi, et
qui sert aujourd'hui de caserne d'infanterie. Le
11 juillet 1816, le duc de Gramont posa la première
pierre du manége actuel, vaste édifice dont la charpente est construite à la manière de Philibert Delorme (1).

(1) Nous recueillons dans l'*Histoire de Saint-Germain*, par
M. Abel Goujon (1829), quelques détails intéressants sur le casernement des gardes du corps. Ils trouvent ici une place opportune :

« Vis-à-vis du grand manége, dit cet auteur, entre l'avenue du
Boulingrin et la rue de Paris, se trouve la grille de sortie des anciennes grandes écuries du roi, qui complètent aujourd'hui, sous
la dénomination d'écuries des gardes du corps du roi de la compagnie de Gramont, le casernement de cette compagnie. L'entrée
principale est sur la rue de la Verrerie.

« Elles sont composées de deux corps de bâtiments élevés dans
un vaste manége découvert, l'une du côté de l'hôtel du Maine,
l'autre formant un côté de la rue de Paris, depuis la rue de la
Verrerie jusqu'à la côte. Les extrémités ont été construites en
même temps que la place circulaire qui annonce l'entrée de la ville.
La distribution intérieure est en tous points vicieuse ; les pièces

En 1826, la chapelle, dévastée par le vandalisme révolutionnaire, reçut une sorte de restauration assez décente pour qu'on pût y célébrer le service divin. Charles X accorda 50,000 francs pour les réparations les plus urgentes.

En 1832, le duc d'Orléans, colonel de hussards, et le duc de Nemours, colonel d'un régiment de lanciers en garnison à Saint-Germain, offrirent un bal dans la galerie de Mars.

sont les unes basses, les autres élevées, les unes petites et pouvant à peine loger cinq chevaux, d'autres vastes et susceptibles d'en recevoir cinquante.

« Pendant la Révolution et jusqu'à l'installation de l'École spéciale de cavalerie du château, ces bâtiments et le jeu de paume dont on fit un manége, servirent à la troupe lorsqu'il y en avait en garnison. Depuis cette époque, ils furent soumis à la même administration que le château dont ils étaient une dépendance.

« La grande cour est d'une utilité majeure pour la cavalerie. Elle offre une superficie d'environ treize cents toises. En suivant la rue de la Verrerie depuis le chenil jusqu'à la rue de Paris, il n'existait autrefois que l'hôtel du Maine ; mais une portion en ayant été vendue pendant la Révolution, il n'est resté que les écuries rétablies en 1814, et une partie du terrain sur lequel on construit aux frais de la Liste civile de nouvelles écuries.

« Le jeu de paume, bâti sous Louis XIV pour l'amusement des seigneurs de la cour, a soixante pieds de long sur vingt-cinq de large. Les croisées qui l'éclairent sont à vingt-cinq pieds du sol. Du côté du nord, il est mitoyen avec une maison occupée par le contrôleur des bâtiments royaux. Derrière était une vaste cour de cinquante toises de long sur trente de large. Au sud, le jeu de paume s'appuyait sur une dépendance du chenil, remplacée en 1818 par une maison où sont établis les bureaux du génie militaire.

« Le jeu de paume sert actuellement de manége pour le dépôt de la compagnie des gardes du corps qui est de service, le grand manége étant réservé pour celle qui tient garnison dans la ville. »

Depuis le règne de Louis XIV, c'était la première fois qu'un reflet des splendeurs royales illuminait le vieil édifice. Les échos joyeux de la fête retentirent encore sous les arceaux sonores des vastes salles dénudées; la salamandre de François I<sup>er</sup> apparut au feu des girandoles, mais cet éclat des anciens jours vécut ce que vivent les roses.

En 1836, une ordonnance royale de Louis-Philippe établissait un pénitencier militaire dans la demeure de ses ancêtres.

Les chambres des rois, des reines et des dauphins furent divisées en cellules pour y abriter les soldats flétris par le conseil de guerre.

L'évacuation du pénitencier militaire eut lieu le 10 juillet 1855. Ce fut un Napoléon qui prit sous son égide le palais des Valois et des Bourbons en le faisant passer dans les attributions de son ministre d'État.

En 1862, Sa Majesté décida sa restauration complète, et ordonna qu'il serait consacré à l'installation d'un musée gallo-romain.

Deux partis se présentaient à l'architecte : la restauration pure et simple de l'édifice tel que nous l'avait légué Mansard, c'est-à-dire avec sa lourde exubérance, ou la réédification de l'œuvre de la Renaissance. Le premier était une amplification bâtarde, le second une reproduction exacte d'un travail qui, par son type original et artistique, posait un jalon dans son époque.

M. Millet n'hésita pas! Dans quelques années,

Saint-Germain possédera le château de François Ier, entièrement relevé par des mains modernes, il est vrai, mais du moins tel qu'il apparut à nos aïeux. Cette physionomie native en fera un monument national et authentique, un souvenir historique d'une haute valeur, un enseignement unique en France pour l'archéologie.

La tâche de l'architecte n'était pas facile. Non-seulement la structure originaire de l'édifice avait disparu sous l'étoffe dont Mansard l'avait habillé, mais cette doublure elle-même avait subi de telles mutilations qu'elle était méconnaissable dans certaines de ses parties.

On ne fait pas supporter impunément à un château royal la complexe métamorphose d'une école militaire, d'une caserne et d'une prison. On ne remplace pas sans une altération inévitable, une salle de gardes par une forge, les chambres à coucher des princes par des cachots, les fossés par des préaux sans ponts. Afin d'augmenter le nombre des cellules du pénitencier, on avait dédoublé les étages; afin de diminuer les jours, on avait entassé le moellon dans les belles fenêtres à plein-cintre. Pour isoler les prisonniers, on avait exhaussé le mur d'enceinte et supprimé l'entrée royale. On avait, au temps de l'école de cavalerie, substitué à la galerie supérieure qui tombait en ruines, un mur d'appui grossier, et imaginé dans la cour je ne sais quel balcon qui détruisait l'accord des arcs trois fois superposés.

La chapelle de saint Louis, ce charmant vaisseau du XIIIe siècle, n'a conservé d'intact que sa voûte et

les fenêtres qui prennent jour sur la cour. Mansard
avait eu la singulière idée de bâtir un étage sur la
toiture pour éviter la solution de continuité entre les
terrasses.

Si l'on ajoute à ces désastres les outrages du temps
et de la révolution, les réparations malencontreuses
ou inintelligentes, on peut se faire un idée de l'affu-
blement dont un siècle et demi d'abandon, de démo-
litions ou d'additions successives, sans goût et sans
discernement, avait chargé le château.

C'est en ce chaos qu'il fallait apporter la lumière.

Elle brille aujourd'hui sur les façades réédifiées,
d'un éclat qui fait préjuger de son futur resplendissement.

L'architecte renverse les cinq pavillons de Mansard et nous rend pierre pour pierre les cinq façades
et les riantes tourelles de François Ier, avec le donjon
de Charles V. Il nous rend toutes ces belles fenêtres
avec leurs cintres, leurs pilastres et leurs frontons
mi-partie pierre, mi-partie brique, et les arceaux
multiples dont la savante superposition est l'honneur de l'édifice.

Il jette à terre le balcon en serrurerie de Mansard,
remplace un toit disgracieux par une balustrade circulaire, restitue au monument son élégante ceinture
de mâchicoulis et sa couronne de balustres sculptés.
Et comme on emprunte au splendide écrin d'une
femme opulente le complément de sa parure de fêtes,
il répand à profusion, mais avec un goût exquis, sur
cet ensemble harmonieux, les détails les plus coquets
d'une ornementation d'accord avec l'art et l'histoire.

L'entrée royale, les ponts sur les fossés reprendront leur place naturelle. Dans la cour, les médaillons aux L entrelacées, moulures en plâtre du règne de Louis XVIII, seront remplis par des peintures sur faïence émaillée, représentant les images des princes et des hommes célèbres qui ont illustré l'âge de la Renaissance.

A l'intérieur des appartements, M. Millet relève les hautes cheminées disparues, les lambris effondrés, le arceaux ruinés, il ressuscite les décorations vermoulues et les sculptures ravies par le temps, il apporte la vie et la lumière à cette masse sombre et déformée qui attendait patiemment son heure.

La chapelle sera pour lui surtout l'objet d'une étude spéciale et d'un travail consciencieux. Mais ce n'est pas celle de François Ier qu'il offrira au retour des solennités religieuses, ce sera le sanctuaire vénéré du XIIIe siècle. De même que la science avec quelques débris échappés à la corrosion terrestre reconstitue l'être effacé du globe, de même l'architecte avec les restes précieux du saint édifice, le reconstituera dans son intégrité et le surmontera d'une flèche dans le style de celle de la Sainte-Chapelle.

A ce labeur l'artiste éminent consacre ses veilles et son talent, il fait du château de Saint-Germain une œuvre digne des premiers et glorieux fondateurs, digne de notre âge, digne de la postérité, digne enfin du prince illustre qui rend ce monument à la vérité historique.

# IX

## CONSIDÉRATIONS SUR LA POSITION DE SAINT-GERMAIN.

Comme point stratégique, la position de Saint-Germain fut heureusement choisie par les princes qui posèrent la première pierre du château. Cette forteresse qui commandait le cours de la Seine et dominait une étendue de terrain assez vaste pour que l'œil se perde dans des horizons infinis, c'était l'aire de l'aigle souverain de la nue.

Au pied de la colline sur laquelle se dresse le château, le fleuve décrit une de ses nombreuses courbes dans lesquelles il semble se complaire, et il faut ou la franchir deux fois, ou en suivre les rives en passant sous Saint-Germain, pour se rendre de Mantes à Paris, à moins de tourner les coteaux de la Celle Saint-Cloud et de gagner Versailles. Poissy, appuyé sur Saint-Germain, était donc un bon élément de défense. Ces deux places entraient utilement dans le système de protection de la capitale, et si elles n'arrêtèrent pas les Anglais lors de l'expédition du prince Noir, ce fut parce qu'on les avait dégarnies de troupes pour couvrir la monarchie sur un autre point.

En raison des circonstances, Saint-Germain ne joua jamais un rôle accentué dans la défense du pays. Ce fut une sauvegarde pour les rois désireux de se mettre à l'abri des orages de la capitale plutôt que pour leurs sujets.

Henri III y brava la Ligue, Anne d'Autriche et Louis XIV y trouvèrent un refuge contre la Fronde.

La trop grande distance qui sépare cette ville de Paris et le voisinage du mont Valérien ne l'ont point fait entrer dans le nouveau plan de défense de la capitale et dans la combinaison des forts détachés.

Le 1er juillet 1815, une colonne prussienne de l'armée de Blücher d'environ quinze cents hommes déboucha par le bois du Vésinet et effectua le passage du pont du Pecq. Une redoute, quelques canons en batterie sur cette terrasse, auraient eu facilement raison de cette troupe.

On avait détaché pour garder ce passage un officier dont le nom n'a pas été conservé, avec vingt-cinq hommes seulement. Des vieillards se souviennent de l'avoir vu à la tête de cette poignée de gens, grave, silencieux, et de l'avoir entretenu peu de temps avant l'arrivée de l'ennemi. Il se sentait sacrifié, car l'illusion n'était pas permise. Aussi répondait-il aux objections qu'on lui faisait sur son petit nombre, par quelques mots empreints d'une froide résignation. C'était un de ces hommes qui ne raisonnent plus, une fois qu'ils ont un devoir à remplir.

Il barricada le pont le mieux qu'il put, reçut les Prussiens à coup de fusil, tint ferme tant qu'il eut un

4

souffle de vie, donnant l'exemple du calme au milieu
des ravages de la mort, et tomba à son tour pour ne
plus se relever. Après ce beau trépas, les survivants
de ces vingt-cinq héros, qui avaient amplement satis-
fait à l'honneur, se retirèrent fièrement, soutenant la
retraite avec leurs dernières cartouches, sans laisser
un prisonnier, et se replièrent sur le corps d'armée
du général Vandamme, qui opérait dans les environs
de la Celle Saint-Cloud.

Et il n'y a pas une pierre sur les rives de la Seine
pour dire au voyageur ce dévouement qui paraît d'autant plus noble qu'il était d'avance reconnu stérile!

Par un ciel limpide, la plate-forme du donjon de
Charles V est un admirable observatoire.

Au nord et par delà la maison des Loges, le château
de la Muette et la forêt, le spectateur aperçoit le cours
de la Seine, Conflans au point où l'Oise se déverse
dans le fleuve, Pontoie danss un lointain brumeux, et
toute la série des bourgs et des villages compris entre
cette ville et Meulan.

A l'ouest se déroulent Poissy et son riche territoire,
la forêt de Marly, celle des Alluets et le pays qui
s'étend jusqu'à la Mandre.

Au midi, c'est le versant des coteaux sur lesquels
s'élève la Celle Saint-Cloud, et qui s'interposent,
émaillés de villages suspendus à leurs flancs, entre le
chemin de fer de Versailles et le cours de la Seine.

A l'est enfin, l'observateur a sous les pieds la ville
de Saint-Germain, les vestiges du château neuf, le
bourg du Pecq, le viaduc élancé du chemin de fer,

et le lit de la Seine déroulant, au sortir de Paris, ses replis argentés. A sa droite, c'est l'aqueduc aérien de Marly, ce sont encore Louveciennes, Bougival, Rueil, Nanterre, la Malmaison et le mont Valérien couronné de bastions. A gauche, la forêt de Saint-Germain, le château de Maisons, œuvre de Mansard, Mesnil, et Carrière-sous-Bois.

En face et au second plan, les îles verdoyantes du fleuve, la forêt du Vésinet d'où s'échappe en panaches blancs la fumée des locomotives, et là campagne pittoresque semée de châteaux et de villas du Pecq à Chatou.

Dans le fond du tableau voilà Courbevoie, Asnières, Saint-Ouen, Saint-Denis, les buttes Montmartre, Paris, enfin, devant lequel se dresse l'Arc de triomphe, Paris que dominent les dômes ou les tours de ses grandioses monuments.

L'eau, les vastes plaines, les grands arbres, les clochers gothiques, une opulente végétation, la voie ferrée, le mouvement des bateaux sur le fleuve, la silhouette de la grande ville, toutes les beautés de l'art et de la nature en ce milieu, l'un des plus riches du monde, contribuent d'une façon harmonieuse à la magnificence du panorama.

# X

FAITS HISTORIQUES. — MADAME DE SÉVIGNÉ
A SAINT-GERMAIN.

Quelques faits intéressants pour notre histoire sont
restés gravés dans les annales de Saint-Germain en
Laye.

Le trépas du paladin Roland, et le désastre de la
chevalerie française, dans la sombre embuscade de
Roncevaux, furent, si l'on en croit les romanciers,
résolus sous l'ombrage discret de ses futaies.

La tradition rapporte qu'il y avait au moyen-âge,
dans la partie de la forêt qui appartient au Vésinet,
une table de granit sur laquelle Ganelon de Hauteville
et les conjurés signèrent le pacte sanguinaire qui
vouait à la mort Roland, les douze pairs du royaume
et les seigneurs des Ardennes. Cette pierre légendaire
s'appelait la *Table de la trahison*. Elle a disparu,
mais l'enceinte mystérieuse dans laquelle s'ourdit le
complot renferme un carrefour appelé encore l'*Étoile
de la trahison*.

Charlemagne, suivant le même récit, livra les cou-
pables au bûcher sous le feuillage des chênes, témoins
muets de leur terrible serment.

— A l'époque où fut édifié le premier château, celui de Louis le Gros, florissait, aux environs du royal manoir, un monastère dont le prieur se décernait superbement le titre de seigneur spirituel et temporel de Saint-Germain en Laye, de par certains priviléges octroyés par le souverain.

Comme consécration de son droit de juridiction, ce potentat mitré avait planté des fourches patibulaires à la frontière de sa paroisse, sur la route de Poissy.

A cette nouvelle, le gardien du château des rois, un homme d'épée, outré de ce qu'un moine, fût-il prieur, s'arrogeât les attributs de la puissance souveraine, s'insurgea contre cette prétention. Il ne craignit pas, ce fort, d'entrer en lutte avec un dignitaire de l'Église. Toute escarmouche lui parut inutile. Pour éviter la discussion qui n'était peut-être pas le plus brillant de ses avantages, il s'en fut droit à la potence qui lui portait ombrage et l'abattit sournoisement.

Grande rumeur au parlement de Paris. — « *Cedant arma togæ*, s'écrièrent les juges, sire prieur, vous et vos successeurs vous aurez, malgré la colère de l'épée, le droit de pendre les vilains. » Et un bel et bon arrêt, dûment enregistré, confirma la sentence.

Le gardien du château tempêta bien un peu, mais le roi s'amusa du conflit, et le droit subsista. Toutefois les prieurs ne l'exercèrent que comme il convient à des gens qui ont horreur du sang. Les vilains ne furent pas pendus haut et court. On n'usa qu'une seule fois du gibet, pour y attacher un larron si justement célèbre, que tous les vilains de la contrée l'envoyèrent eux-mêmes au diable, en s'opposant à ce qu'il allât se faire pendre ailleurs.

— Ce fut du château de Saint-Germain, qu'à la voix de saint Bernard, Louis VII, suivi de la reine Éléonore, partit pour la Terre-Sainte à la tête de 80,000 gens d'armes, dont la moitié trouvèrent une sanglante sépulture dans les plaines de l'Asie-Mineure.

Ce fut de Saint-Germain que Philippe-le-Bel, plus heureux, marcha sur les Flamands dont il triompha à Mons-en-Puelle.

Ce fut en ce même lieu que Philippe-le-Long, son fils, rédigea, en forme d'ordonnance, la déclaration fameuse des premiers États-généraux: — *In terram salicam, mulieres ne succedant,* — et proclama la loi salique base de l'hérédité du trône de France.

— Le *coup de Jarnac,* un des grands événements du règne de Henri II, s'exécuta sous les fenêtres du château de Saint-Germain, aux yeux du roi et de toute la cour réunie. C'était en 1547, dans un combat judiciaire dont François de Vivonne de la Châtaigneraie et Guy de Chabot de Montlieu, seigneur de Jarnac, donnaient le spectacle en champ clos. Montlieu, désespéré de la force de son adversaire, se couvrit la tête de son bouclier et lui trancha le jarret gauche du revers de son épée. Vivonne refusa de survivre à sa blessure. Le coup de Jarnac est devenu proverbial. L'histoire et le théâtre lui ont acquis une telle notoriété, que nous enregistrons sans autre détail cette gasconnade tragique.

Le sang répandu en ce jour eut du moins un résultat fécond. Henri II, ému jusqu'aux larmes d'avoir vu succomber si facilement le plus cher de ses favoris, interdit le combat judiciaire.

Sur le terrain de ce duel célèbre, s'est élevée de nos jours la Villa-Médicis.

— Henri IV courut à Saint-Germain de sérieux dangers. Quoiqu'il fût maître de Paris et d'une grande partie du royaume, les seigneurs qui ne lui avaient pas encore fait soumission, tels que les ducs de Mayenne et de Joyeuse, battaient la campagne jusque sous les murs de la capitale.

Un jour que le prince s'était égaré à la chasse avec quelques personnes de sa suite, dans un bois voisin du château, il y fut surpris par un officier, M. de Sourdis, qui en surveillait les alentours, avec un détachement de vingt-cinq chevaux. De loin, ce gentilhomme prit son souverain pour un ennemi et ordonna à sa troupe de lui courir sus, à bride abattue, et de faire feu à bonne portée. Les cavaliers chargèrent, le pistolet haut, et comme ils allaient presser la détente, l'un d'eux reconnut le roi et n'eut que le temps de pousser une exclamation qui arrêta leur fougue.

M. de Sourdis, plus ému que Henri IV de cet incident, en fut quitte pour la peur. Mais il embrassa les genoux du monarque, en le suppliant de se mieux garder à l'avenir. Pourquoi le roi ne se souvint-il pas

toujours de la prophétique supplication de M. de
Sourdis ?

Le 22 novembre 1594, on se saisit, à Saint-Germain, de huit voleurs venus avec l'intention avouée
de tuer le roi. Ce fut un gentilhomme de la maison,
nommé Darquion, qui fit cette découverte. Leur
procès marcha rondement. On les envoya tout bottés
au gibet, et, à défaut de bourreau, ils furent pendus
aux torches par les gens de M. de Vitry, capitaine
des gardes.

Les registres de l'église Saint-Germain, dont
Henri IV était le paroissien, ont conservé dans leurs
pages la mémoire de sa fin déplorable.

Voici en quels termes le quatre-vingt-treizième acte
de 1610, enregistre ce funèbre évènement.

« Le 14 may 1610, environ sur les quatre heures
» et demie après midi, fut frappé malheureusement
» Henry quastrième du nom, roy de France et de
» Navarre, étant dans son carrosse, d'un couteau,
» par un malheurenx que l'on dit estre d'Angou-
» lesme, ce qui fut faist dans la rue de la Ferron-
» nerie, à Paris, du quel coup il mourut inconti-
» nent. »

— Un astrologue avait prédit, en 1564, à Catherine de Médicis, qu'un Saint-Germain la verrait mourir. Il n'en fallait pas plus pour tenir en éveil une
femme aussi docile aux oracles de Ruggieri. Dès lors
elle évita avec grand soin non-seulement Saint-Germain en Laye, mais tous les lieux qui portaient ce
nom, et toutes les églises ou paroisses instituées sous

le vocable du saint. Elle abandonna son château du Louvre, parce qu'il dépendait de Saint-Germain l'Auxerrois, et en fit bâtir un autre près de Saint-Eustache, au lieu où fut édifiée depuis la Halle au blé. Mais quand elle mourut en 1589, les esprits, superstitieux comme elle, annoncèrent que la reine avait, malgré ses précautions, accompli sa destinée parce qu'elle fut assistée à sa dernière heure par Laurent de Saint-Germain, évêque de Nazareth.

— Marie de Médicis au contraire, avait une grande prédilection pour Saint-Germain. Elle en parlait un jour au maréchal de Bassompierre et pour exprimer tout ce qu'elle rencontrait d'agréable en ce séjour, elle ajoutait : « Quand j'y suis j'ai un pied à Saint-Germain et l'autre à Paris. » Le galant Bassompierre se rappelant que le village de Nanterre est entre ces deux villes, lui répondit : « En ce cas, madame, je voudrais être à Nanterre. »

— En 1535, le duc de Saint-Simon, grand-maître des eaux et forêts, aïeul de l'auteur des *Mémoires*, fit placer sur la route de Conflans une inscription lapidaire qui avait pris le nom de Pierre de Saint-Simon. Ce petit monument commémoratif, renversé sous la révolution, fut relevé sous Louis-Philippe.

Son but était de rappeler au voyageur « les victoi-
» res du pieux monarque, Louis treizième du nom,
» roi de France et de Navarre. »

— Henri II et Charles IX sont nés au vieux château, Louis XIII est mort dans le château neuf. Une des grandes gloires de la ville de Saint-Germain est d'avoir vu naître en celui-ci le roi Louis XIV, le 5 septembre 1638.

Au rétablissement des armoiries, le conseil municipal obtint de Louis XVIII, par décision royale du 19 juillet 1820, que les armes de la ville seraient : *d'azur au berceau semé de fleurs de lis d'or, d'or, accompagné au deuxième point, en chef, d'une fleur de lis aussi d'or, et en pointe cette date : 5 septembre 1638, de même.*

Louis XIV naquit le jour où Louis XIII perdait une bataille en Espagne, ce qui fit dire que la Fortune était trop occupée à Saint-Germain, pour songer à nos armées d'au-delà des monts.

Ouvrons encore une fois les registres de la paroisse, et nous y trouverons cet acte qui vaut la peine d'être lu :

« Le cinquième jour de septembre 1638, naquit,
» à onze heures et quart du matin, monseigneur le
» dauphin, fils premier né de très-chrestien et très-
» puissant monarque Louis treiziesme de ce nom,
» roy de France et de Navarre et de très-religieuse
» et très-illustre princesse Anne d'Autriche, sa très-
» chaste et fidelle épouse, et fut incontinent après le
» mesme jour ondoyé par révérend père en Dieu,
» monseigneur Dominique Séguier, évesque de
» Meaux, et grand aumosnier de Sa Majesté avec
» les eaux baptismales de la paroisse de Saint-Ger-
» main en Laye, baillées et livrées par M. Cagny,
» prestre curé de la dicte paroisse. Signé : *Bailly,*
» *vicaire.* »

Cette naissance fut annoncée aux habitants de Paris par les quarante pièces de canon de la Bastille et les trois cents boîtes de l'Arsenal. Nous trouvons une esquisse des réjouissances dont elle fut l'objet dans ces vers d'un rimeur du temps :

« Au milieu du Pont-Neuf,
» Près du cheval de bronze.
» Depuis huit jusqu'à neuf,
» Depuis dix jusqu'à onze,
» On fit un si grand feu
» Qu'on eut beaucoup de peine,
» En sauvant la Samaritaine
» D'empêcher de brûler la Seine. »

Un quatrain, digne d'un poëte pour qui Phébus paraît sourd et Pégase rétif, accompagna, vers le même temps, une gravure, rare aujourd'hui, représentant le château neuf. Le dessinateur, habile homme, était Israël Sylvestre. Son collaborateur s'exprimait ainsi :

« Je suis ce Saint-Germain dont la voix de l'histoire
» Dira malgré le temps des louanges sans fin.
» Je suis le non pareil, mais ma plus grande gloire
» Me vient d'avoir vu naistre un illustre dauphin. »

Louis XIV avait peu de goût pour sa résidence de Paris, dont le souvenir s'alliait dans sa mémoire aux tristes journées de la Fronde. Aussi, dès qu'il put manifester sa volonté, alla-t-il habiter Saint-Germain. On peut rattacher à ce séjour la première partie du drame passionné dont mademoiselle de la Vallière fut l'héroïne. En 1661, lorsque cette femme célèbre par-

tagea l'affection du roi, elle demeurait, avec les autres
filles d'honneur, dans les combles du château, et la
tradition raconte que leur gouvernante se vit obligée
de faire griller leurs fenêtres auxquelles on arrivait
par la terrasse.

« Ce fut à Saint-Germain, dit M. Philarète Chasles
dans l'Histoire des villes de France, que mademoiselle
de la Vallière se retira pour pleurer sa faute, quand
elle eut perdu l'espoir de ranimer l'amour de
Louis XIV. Elle chercha des consolations dans la
bienfaisance et la prière. Un hasard bizarre lui fit
prendre la résolution de quitter le monde. On rapporte qu'un village de Saint-Germain ayant été incendié, mademoiselle de la Vallière fit venir le curé
pour lui remettre des secours. Ce prêtre était celui
qui, dans son enfance, l'avait instruite des matières de
religion. Sa vue lui fit faire un retour sur sa vie passée,
elle se jeta à ses pieds et lui demanda conseil. Ce fut
à la suite de cette entrevue qu'elle se réfugia aux Carmélites et prit le voile en 1675. »

Les lettres de madame de Sévigné, à sa fille, madame de Grignan, sont pleines du souvenir de Saint-
Germain.

« Je ne sais aucune nouvelle, lui écrit-elle le 11
mars 1671, le roi se porte fort bien, il va de Versailles
à Saint-Germain et de Saint-Germain à Versailles.
Tout est comme il était. » — et quelques jours après
— « Je revins hier de Saint-Germain, j'étais avec madame d'Arpajon. Le nombre de ceux qui me deman-
dèrent de vos nouvelles est aussi grand que celui de

tous ceux qui composent la cour. Je pense qu'il est bon de distinguer la reine qui fit un pas vers moi et me demanda des nouvelles de ma fille sur son aventure du Rhône..... Je ne dois pas oublier M. le Dauphin et Mademoiselle qui m'ont parlé de vous.... Les coiffures *hurluberlu* m'ont fort divertie, il y en a que l'on voudrait souffleter. La Choiseul ressemblait, comme dit Ninon, à un *printemps d'hôtellerie* comme deux gouttes d'eau. »

Cette coiffure fut un des grands événements de la résidence royale de Saint-Germain. La reine, qui commença par en rire, se détermina à l'adopter comme les femmes à la mode de sa cour.

Voici, pour les dames qui jetteront les yeux sur ce livre, la description qu'en donne madame de Sévigné à madame de Grignan.

« Imaginez-vous une tête partagée à la paysanne jusqu'à deux doigts du bourrelet, on coupe les cheveux de chaque côté d'étage en étage, dont on fait deux grosses boucles rondes et négligées, qui ne viennent pas plus bas qu'un doigt au-dessus de l'oreille ; cela fait quelque chose de fort jeune et de fort joli et comme deux bouquets de cheveux de chaque côté. Il ne faut pas couper les cheveux trop courts ; car, comme il faut les friser *naturellement,* les boucles qui en emportent beaucoup ont attrapé plusieurs dames, dont l'exemple doit faire trembler les autres, On met les rubans comme à l'ordinaire, et une grosse boucle nouée entre le bourrelet et la coiffure ; quelquefois on la laisse traîner jusqu'à la gorge. »

5

Madame de la Troche ajoute quelques lignes à cette lettre, pour décider madame de Grignan à adopter cette grande mode. « Madame, dit-elle, vous serez ravissante, tout ce que je crains c'est que vous n'ayez regret à vos cheveux. Pour vous fortifier, je vous apprends que la reine et tout ce qu'il y a de filles et de femmes qui se coiffent à Saint-Germain, achevèrent hier de les faire couper par La Vienne, car c'est lui et mademoiselle de la Borde qui ont fait toutes les exécutions. Madame de Crussol vint lundi à Saint-Germain coiffée à la mode, elle alla au coucher de la reine et lui dit : Ah ! madame, votre Majesté a donc pris notre coiffure ? Votre coiffure ! lui répondit la reine, je vous assure que je n'ai pas voulu prendre votre coiffure, je me suis fait couper les cheveux parce que le roi les trouve mieux; mais ce n'est point pour prendre votre coiffure. — On fut un peu surpris du ton avec lequel la reine lui parla. Mais voyez un peu où madame de Crussol allait prendre que c'était sa coiffure, parce que c'est celle de madame de Montespan, de madame de Nevers, de la petite de Thianges et de deux ou trois autres beautés charmantes, qui l'ont hasardée les premières. »

Madame de Sévigné continue : « Après tout, nous ne vous conseillons pas de faire couper vos beaux cheveux. Et pour qui, bon Dieu? Cette mode durera peu, elle est mortelle pour les dents. Taponnez-vous seulement par grosses boucles comme vous faisiez quelquefois. »

En décembre 1673, madame de Sévigné raconte un autre voyage à Saint-Germain.

« Je viens de Saint-Germain, ou j'ai été deux jours entiers avec madame de Coulanges et M. de la Rochefoucauld ; nous logions chez lui. Nous fîmes le soir notre cour à la reine, qui me dit bien des choses obligeantes pour vous : mais s'il fallait vous dire tous les bonjours, tous les compliments d'hommes et de femmes vieux et jeunes qui m'accablèrent et me parlèrent de vous, ce serait quasi nommer toute la cour, je n'ai rien vu de pareil ! Et comment se porte madame de Grignan ? Quand reviendra-t-elle ? Et ceci et cela : enfin représentez-vous que chacun, n'ayant rien à faire et ne disant un mot, me faisait répondre à vingt personnes à la fois. J'ai dîné avec madame de Louvois, il y avait presse à qui nous en donnerait. Je voulais revenir hier ; on nous arrêta d'autorité pour souper chez M. de Marsillac, dans son appartement enchanté avec madame de Thianges, madame Scarron, M. le duc, M. de la Rochefoucauld, M. de Vivonne et une musique céleste. Ce matin nous sommes revenues. »

Le roi donnait de belles fêtes au château, malgré l'exiguité des appartements. « Mademoiselle de Blois, écrit madame de Sévigné (17 janvier 1680) est donc madame la princesse de Conti, elle fut fiancée lundi en grande cérémonie, hier mariée à la face du soleil, dans la chapelle de Saint-Germain : un grand festin comme la veille ; l'après dîner, une comédie, et le soir couchés et leurs chemises données par le roi et la reine..... L'habit de M. le prince de Conti était inestimable, c'était une broderie de diamants fort

gros, qui suivait les compartiments d'un velouté noir
sur un fond couleur de paille... M. le duc, madame
la duchesse et mademoiselle de Bourbon avaient trois
habits garnis de pierreries différentes pour les trois
jours, mais j'oubliais le meilleur, c'est que l'épée de
M. le prince était garnie de diamants.

» La doublure du manteau du prince de Conti était
de satin noir, piqué de diamants comme de la mou-
cheture. La princesse était romanesquement belle,
et parée, et contente. »

Louis XIV conclut en 1679 le traité de Nimègue
au château de Saint-Germain et y confirma les or-
donnances de ses prédécesseurs sur le duel. Il y
médita la prise de Gand dont il ouvrit le siége en
personne ; enfin, avant d'occuper Versailles, il y ac-
cepta les célèbres décisions de l'assemblée du clergé
de France, relatives à l'église Gallicane et dont Bos-
suet fut l'inspirateur.

Ces décisions furent l'objet de nombreuses réu-
nions sous les ombrages des jardins de Saint-Germain et y attirèrent les plus illustres prélats du
royaume. En sortant de l'une de ces assemblées l'archevêque de Reims, frère de M. de Louvois eut une
mésaventure qui fournit à madame de Sévigné, l'occasion de peindre un joli tableau avec la plume la
plus spirituelle (5 février 1674).

» L'archevêque de Reims revenait hier fort vite de
Saint-Germain, c'était comme un tourbillon ; il croit
être bien grand seigneur, mais ses gens le croient
encore plus que lui. Ils passaient au travers de Nan-

terre, *tra, tra, tra;* ils rencontrent un homme à cheval, *gare, gare!* Ce pauvre homme veut se ranger son cheval ne veut pas ; et enfin le carrosse et les six chevaux renversent cul par dessus tête, le pauvre homme et le cheval, et passent pardessus et si bien pardessus, que le carrosse en fut versé et renversé ; en même temps l'homme et le cheval au lieu de s'amuser à être roués et estropiés, se relèvent miraculeusement, remontent l'un sur l'autre, et s'enfuient et courent encore, pendant que les laquais de l'archevêque et le cocher, et l'archevêque même se mettait à crier : *Arrête, arrête ce coquin, qu'on lui donne cent coups!* L'archevêque en racontant ceci disait : Si j'avais tenu ce maraud-là, je lui aurais rompu les bras, et coupé les oreilles. »

Lorsque Jacques II, souverain de la couronne d'Angleterre, s'abrita avec la reine Marie d'Este, son épouse, sous l'hospitalité de la France, Louis XIV le reçut au château de Saint-Germain avec une magnificence dont lui seul alors possédait le secret.

« Le roi, écrit madame de Sévigné (10 janvier 1689) fait pour ces majestés anglaises des choses toutes divines, car n'est-ce point être l'image du Tout-Puissant, que de soutenir un roi chassé, trahi, abandonné comme il l'est ? La belle âme du roi se plaît à jouer ce grand rôle. Il fut au-devant de la reine avec toute sa maison et cent carrosses à six chevaux. Quand il aperçut le carrosse du prince de Galles, il descendit et l'embrassa tendrement, puis il courut au-devant de la reine qui était descendue, il

la salua, lui parla quelque temps, se mit à sa droite
dans son carrosse, lui présenta MONSEIGNEUR et
MONSIEUR qui furent aussi dans le carrosse, et la
mena à Saint-Germain, où elle se trouva toute servie
comme la reine, de toutes sortes de hardes, parmi
lesquelles était une cassette très-riche avec six mille
louis d'or. Le lendemain, le roi d'Angleterre devait
arriver, le roi l'attendait à Saint-Germain, où il arriva tard parce qu'il venait de Versailles, enfin le rci
alla au bout de la salle des gardes, au devant de lui;
le roi d'Angleterre se baissa fort comme s'il eut voulu
embrasser ses genoux, le roi l'en empêcha et l'embrassa à trois ou quatre reprises très-cordialement.
Ils se parlèrent bas un quart d'heure; le roi lui présenta MONSEIGNEUR, MONSIEUR, les princes du sang
et le cardinal de Bonzi; il le conduisit à l'appartement
de la reine qui eut peine à retenir ses larmes. Après
une conversation de quelques instants, Sa Majesté
les mena chez le prince de Galles, où ils furent encore quelque temps à causer et les y laissa ne vou-
lant point être reconduit, et disant au roi : « Voici
votre maison, quand j'y viendrai, vous m'en ferez
les honneurs, et je vous les ferai quand vous vien-
drez à Versailles. » Le lendemain qui était hier, madame la Dauphine y alla et toute la cour. Je ne sais
comme on aura réglé les chaises des princesses, car
elles en eurent à la reine d'Espagne; et la reine mère
d'Angleterre était traitée comme fille de France, je
vous manderai ce détail. Le roi envoya dix mille louis
d'or au roi d'Angleterre : ce dernier paraît vieilli et

fatigué, la reine maigre et des yeux qui ont pleuré, mais beaux et noirs; un beau teint un peu pâle, la bouche grande, de belles dents, une belle taille et bien de l'esprit, tout cela compose une personne qui plaît fort. »

Cette hospitalité si complétement royale était le moindre des services que Louis XIV, allait rendre au prince fugitif.

En guerre avec l'Empire, l'Espagne, l'Angleterre, la Hollande, la Savoie et presque toute l'Italie, le roi trouva le moyen d'armer pour Jacques II treize vaisseaux de premier rang. En allant lui faire ses adieux à Saint-Germain, Louis XIV lui offrit sa cuirasse comme dernier présent et lui dit en l'embrassant : « Ce que je peux vous souhaiter de mieux, mon frère, c'est ne jamais vous revoir. »

Ce vœu ne fut point exaucé. Battu sur terre à la Boyne, en Irlande, et sur mer à la Hogue, Jacques II revit la France et Louis XIV. Il conserva un semblant de cour au château de Saint-Germain, son dernier asile et y mourut en 1701.

Au commencement de ce siècle, la dynastie des souverains d'Angleterre songea à rendre hommage à la mémoire de Jacques II. Un monument lui fut élevé dans l'église paroissiale de Saint-Germain, en face du château, par les soins du prince régent d'Angleterre, depuis roi sous le nom de Georges IV.

— En 1641, le duc Charles de Lorraine prêta serment dans la chapelle du château, à l'occasion du traité qu'il venait de contracter avec le roi.

Dépouillé deux fois de ses États pour s'être mis en hostilité contre la France, une première fois par Louis XIII, une deuxième fois par Louis XIV, ce prince mourut en 1675, sans enfant, et institua Louis XIV son héritier.

Un bel esprit du temps, nommé Pavillon, consacra à sa mémoire l'épitaphe suivante :

> Ci-git un pauvre duc sans terres,
> Qui fut jusqu'à ses derniers jours
> Peu fidèle dans ses amours
> Et moins fidèle dans ses guerres.
>
> Il donna librement sa foi
> Tour à tour à chaque couronne,
> Il se fit une étrange loi
> De ne la garder à personne.
>
> Il se vit toujours maltraité
> Par sa faute et par son caprice;
> On le détrôna par justice,
> On l'enterra par charité.

— La forêt de Saint-Germain possède aux bords de la Seine les restes curieux d'une fortification passagère, élevée en 1670, pour servir à l'instruction militaire du grand dauphin.

La futaie à cette époque n'ombrageait pas ces ouvrages, ce ne fut que sous Louis XV qu'on étendit le reboisement jusqu'à la rivière.

Le tracé de cette ligne de retranchement en terre décrit sur la rive gauche un arc de cercle de quatre kilomètres environ qui commence au village de la Frette et se termine vis-à-vis du port d'Herblay. Le cours de la Seine, qui baigne ces deux localités, peut être considéré comme la corde de l'arc.

Ce spécimen de fortification est une masse couvrante de deux à trois mètres d'épaulement, de la forme d'une enceinte bastionnée avec des bastions, des redans et des lunettes.

Derrière la ligne se dressent des tertres dominants qui figuraient sans doute des cavaliers.

Le fossé est tourné du côté de Saint-Germain. Le système enveloppait donc une sorte de camp retranché d'une superficie considérable, avec la Seine pour base défensive. On doit supposer que les troupes destinées à s'y établir communiquaient avec la rive droite par des ponts de bateaux.

Cette construction militaire tire son nom de fort Saint-Sébastien, d'une chapelle voisine placée sous l'invocation de ce saint.

Les portions de parapets et de fossés qui touchent à la rivière ont été seules nivelées, afin d'ouvrir un passage aux tirés de la couronne situés dans cette région.

Quand l'Empereur chasse à Saint-Germain, Sa Majesté et ses invités déjeûnent sous un pavillon construit dans les fortifications que couronnent encore parfois la fumée de la poudre.

# XI

## L'ÉCOLE DE CAVALERIE.

L'École militaire de Saint-Germain fut le premier établissement fondé en France, dans le but spécial de former de jeunes officiers pour les régiments, de cavalerie.

La monarchie des Bourbons avait créé l'École militaire à Paris. Elle y faisait élever cinq cents enfants appartenant à la noblesse peu fortunée, dont les pères étaient au service de l'État. Pour répondre avec magnificence à l'exécution de cette généreuse pensée, elle avait doté l'institution de revenus inaliénables et emprunté au génie de Soufflot le plan d'un palais digne de la grandeur de l'œuvre. Ce palais, l'une des beautés architecturales de Paris, s'appelle encore l'École militaire.

A leur sortie de la maison, ces jeunes gentilshommes étaient distribués dans toutes les armes, suivant leur mérite et leur aptitude, dans le corps royal de l'artillerie, dans celui des ingénieurs, dans l'infanterie, la cavalerie et les dragons.

L'avénement d'un pouvoir fort et régulier amena le rétablissement des écoles du gouvernement renver-

sées par la révolution. L'Empereur organisa, sur
des bases libérales, une école militaire à Fontainebleau et la transféra ensuite à Saint-Cyr où elle s'est
constituée définitivement. Jusqu'en 1809, cette pépi-
nière d'officiers fournit des sous-lieutenants à la
cavalerie.

Il y avait alors à Versailles, dans les bâtiments de
la Grande-Écurie, consacrés autrefois au manége de
la maison du Roi, une école d'instruction de troupes
à cheval. Créée en 1793, sous le nom d'École nationale d'équitation, elle avait eu pour objet de combler
les vides désastreux laissés dans les cadres des régiments de cavalerie par l'émigration des officiers et
la désorganisation de l'armée. Cet établissement,
bien commandé par le colonel Maurice, possédait
des instructeurs de talent et des écuyers, tels que
Coupé et Jardin, qui ont laissé le souvenir le plus
honorable dans l'enseignement hippique. Il admet-
tait des officiers, des sous-officiers et des brigadiers
de chaque corps qui venaient retremper leur instruction au foyer de la vraie lumière.

L'École militaire de Saint-Cyr et l'École d'équitation de Versailles, malgré les résultats satisfaisants
qu'elles pouvaient présenter, ne répondaient point
aux vues de l'Empereur sur la cavalerie. Élève lui-
même des écoles militaires, ce puissant organisateur
jugeait qu'entre les jeunes gens qui aspiraient à l'é-
paulette dans l'infanterie et la cavalerie, une sépara-
tion était indispensable non-seulement au point de
vue des ressources plus considérables que cette di-

vision procurait à l'armée, mais encore en raison de la différence des études particulières à chaque arme.

Mais en créant une école spéciale à la cavalerie, il la voulait peuplée d'une jeunesse héritière des familles les plus élevées par l'éclat du nom et de la fortune dans les cent quinze départements de l'Empire.

Dans une lettre écrite le 31 décembre 1808, au ministre de la police, duc d'Otrante, il se plaignait en termes assez vifs de ce que les émigrés enlevaient leurs enfants à la conscription en les retenant dans une coupable et fâcheuse oisiveté. Il lui demandait la liste des familles qui persistaient dans une abstention qu'il regardait comme peu patriotique, et il ajoutait que chacun se devait, dans l'apaisement des passions, aux efforts de la génération présente pour assurer le bien-être de la génération future.

Dans sa pensée, la nouvelle fondation devenait une sorte d'académie aristocratique à laquelle il convierait les fils de grande maison. Il espérait les y attirer, quel que fût le milieu politique dans lequel ils grandissaient, par d'autres mobiles encore que par le goût des armes, qui se transmet comme un héritage d'honneur au sein des familles patriciennes. Ces mobiles étaient le sentiment commun du devoir et l'amour du pays aux prises avec les armées étrangères.

Le décret de constitution de l'école de cavalerie de Saint-Germain parut le 8 mars 1809, au milieu des préparatifs de la campagne de Wagram.

Le nombre des bataillons et des escadrons s'aug-

mentait à l'aide de nouvelles levées, la garde impériale prenait un plus grand développement et trois
cents sous-lieutenants étaient tirés de l'École de
Saint-Cyr, pour concourir à cette formation. Ces
jeunes gens, dont un onzième seulement était ac-
cordé à la cavalerie, ne suffisaient point à l'extension
progressive des troupes à cheval. Le moment devenait donc favorable à la fondation d'une école spéciale dans les conditions où l'Empereur la concevait.
Un autre motif encore plaidait en faveur de l'institution. La cavalerie du premier Empire était, sur le
sol ennemi, d'une incomparable qualité; ses dernières
campagnes suffisaient pour immortaliser sa gloire,
mais l'éducation des officiers, si ardents à la conduire au feu, ne se montrait pas à la hauteur de leur
bravoure.

Or l'épaulette est exigeante. Elle n'a de force et de
prestige, dans la sphère de son action, que par
l'éclat des qualités qu'elle révèle en celui qui la porte.
Elle plaît au soldat par la distinction de la personne
et de l'esprit, elle lui inspire de la confiance par la
supériorité du savoir et de l'intelligence plus encore
que par la valeur. Et quand elle s'est emparée à ce
point de ceux qu'elle dirige, il lui est facile de remplir le premier, le plus beau de ses devoirs, c'est-à-
dire de les éclairer sur la sollicitude qui les entoure,
et de leur inculquer ainsi le respect de la discipline
et l'amour du prince, sources les plus fécondes du
courage et de l'abnégation militaires.

La fondation d'une école de cavalerie arrêtée en

principe, le ministre de la guerre, Clarke, comte d'Hunebourg, fut chargé de passer aux moyens d'exécution.

Depuis un siècle, le château de Saint-Germain, cette ancienne résidence de nos rois, restait désert. Un aussi vaste édifice, d'aspect monumental, situé dans une position salubre à quelques kilomètres de Paris, de l'École de Saint Cyr et de l'École d'équitation de Versailles offrait une perspective avantageuse à l'installation projetée.

Les murailles abandonnées depuis la mort de Jacques II étaient, il est vrai, dans un grand état de délabrement, et la cour bien peu spacieuse pour les mouvements d'un nombreux personnel. L'édifice ne renfermait ni écuries, ni manége, ni aucune de ces constructions accessoires indispensables à une agglomération de chevaux, mais ses abords affectés au domaine de l'État offraient d'utiles ressources.

Le jeu de paume, bâti sous Louis XIV, transformé aujourd'hui en salle de spectacle pouvait servir provisoirement de manége couvert, malgré ses dimensions restreintes.

Près du jeu de paume, le long de la rue de la Verrerie, s'élevait l'ancien hôtel du Maine, dont il était facile de disposer, pour y loger des chevaux, des palefreniers, des fourrages. Au midi de cet hôtel, divers bâtiments inoccupés recevraient le même emploi. Le sol qui séparait l'hôtel du Maine de la rue de Paris et de l'avenue du Boulingrin, sol sur lequel a été édifié le quartier de cavalerie actuel, s'étendait dans d'assez

vastes proportions pour permettre d'y établir une carrière et diverses constructions. Au-delà enfin de l'hôtel
du Maine et la rue de Paris, il y avait un fort beau
bâtiment, appelé les Grandes-Écuries, succursale des
établissements militaires de Versailles, et que l'on
détournerait de son usage avec d'autant moins de
difficulté que la nouvelle institution allait diminuer
l'importance de l'Ecole d'équitation des troupes à
cheval.

Le château de Saint-Germain, sans être exempt de
reproches avait un grand mérite en de telles conditions. Il pouvait en fort peu de temps être approprié
à la destination que lui assignait l'Empereur.

Le colonel du génie de Montfort eut l'ordre de pro-
céder à l'appropriation. Il demandait 160,000 francs
pour les premières dépenses, l'Empereur en accorda
300,000. En outre, ce dernier mit à la disposition du
ministre de la guerre le parterre limité par la façade
du nord, le mur de la terrasse et la forêt pour en faire
un champ d'exercice. Il lui concéda encore le terrain
non aliéné en avant de la façade de l'est, et l'autorisa
à acquérir celui qui y faisait suite, afin d'y placer un
jour le manége.

Rien ne s'opposait dès lors à la promulgation du
décret constitutif. En voici la teneur :

Au palais des Tuileries, le 8 mars 1807.

Napoléon, Empereur des Français, Roi d'Italie et
protecteur de la Confédération du Rhin,

Avons décrété et décrétons ce qui suit.

ART. 1er. Il sera formé une École militaire qui sera établie dans le château de Saint-Germain.

ART. 2. Cette École portera le nom d'École militaire spéciale de cavalerie; il n'y sera admis que des jeunes gens pensionnaires qui se destinent au service de la cavalerie. Ils devront être âgés de plus de seize ans. La durée de leurs exercices à l'École sera de trois ou quatre ans.

Cette École sera organisée pour recevoir 600 élèves.

Des écuries seront préparées pour 400 chevaux.

ART. 3. Les élèves panseront eux-mêmes leurs chevaux : ils iront au manége, à des écoles d'instruction analogues à celles d'Alfort et de Charenton, à une école de ferrage, et en général seront instruits de tout ce qui concerne le détail de la cavalerie.

ART. 4. Il y aura deux espèces de chevaux : des chevaux de manége et des chevaux d'escadron. 100 seront destinés au manége et 400 à l'escadron.

Aussitôt qu'un élève aura fait son cours de manége et reçu la première instruction, il lui sera donné un cheval qu'il pansera lui-même, et pendant le temps qu'il sera à l'escadron, il apprendra l'exercice et les manœuvres d'infanterie.

Notre intention est de tirer tous les ans de l'École de Saint-Germain 150 élèves pour remplir les emplois de sous-lieutenants, vacants dans nos régiments de cavalerie.

ART. 5. Chaque élève de l'École militaire de cavalerie payera 2,400 francs de pension.

ART. 6. Le château de Saint-Germain sera mis à

la disposition de notre ministre de la guerre, qui y
fera faire les réparations et arrangements nécessaires
sur les fonds du casernement, de manière qu'au 1er
juin prochain les élèves puissent entrer à l'École.

Art. 7. Notre ministre de la guerre est chargé de
l'exécution du présent décret.

A exécuter.            *Signé* : Napoléon.

Le ministre de la guerre,
                              Par l'Empereur,
*Signé :* Ce d'Hunebourg.

Le ministre secrétaire d'État,

*Signé :* Hugues B. Maret.

Un mois après avoir apposé sa signature au bas
de ce décret, le 10 avril, l'Empereur quittait les Tuileries pour se rendre sur le Danube. Ce ne fut qu'a-
près être entré une seconde fois en triomphateur
dans la capitale de la monarchie autrichienne, qu'il
eut le loisir de reporter ses regards vers l'École de
cavalerie.

Il fallait en organiser les éléments. L'Empereur
signa sur le sol étranger le décret qui règle cette or-
ganisation. Ce document est daté du camp impérial
de Schœnbrünn, le 17 mai 1809, quatre jours après
l'occupation de Vienne.

Il établissait ainsi qu'il suit la composition de l'é-
tat-major et du personnel en sous-ordre de l'École :

Un général de brigade commandant; un colonel

commandant en second, directeur des études ; un administrateur comptable ; deux chefs d'escadrons, deux adjudants, lieutenants de cavalerie ; deux capitaines d'infanterie ; un lieutenant d'artillerie ; un quartier-maître trésorier ; quatre professeurs de mathématiques ; quatre d'histoire et de géographie ; trois de dessin de figures, de paysages, de cartes ; un de fortification ; deux de belles-lettres ; deux d'administration militaire ; deux écuyers ; deux sous-écuyers ; deux professeurs d'art vétérinaire ; deux maîtres d'escrime ; un médecin ; un chirurgien ; un aumônier-bibliothécaire.

Étaient attachés à la maison : deux artistes vétérinaires, un maître tailleur, un maître sellier, un maître culottier, un maître bottier, un armurier-éperonnier, des piqueurs, des palefreniers, des maréchaux-ferrants, six trompettes et un brigadier-trompette.

Les élèves étaient partagés en deux escadrons : chaque escadron en trois compagnies de cent élèves chacune, en y comprenant les cadres de sous-officiers et de brigadiers, dont les galons devenaient une récompense pour les plus méritants.

L'enseignement était le même qu'à l'École de Saint-Cyr, en ce qui concernait les mathématiques, les belles-lettres, l'histoire, la géographie, le dessin et l'administration militaire, la fortification, l'escrime, la natation, etc.

L'état-major devait insister sur les connaissances nécessaires à un officier de troupes à cheval, sur l'hippiatrique, les exercices et les manœuvres de cavalerie, d'infanterie et d'artillerie légère.

Dans le but de rendre complète l'étude de cette dernière arme, l'Empereur affectait à l'établissement deux pièces de canon et deux obusiers attelés.

L'administration était réglée provisoirement sur celle de l'Ecole de Saint-Cyr.

Outre le prix de la pension, celui du trousseau était fixé à 700 fr. Un certain nombre de bourses devaient être accordées à des élèves du Prytanée de la Flèche et des lycées, fils de militaires.

La limite d'âge assignée aux candidats se renfermait entre seize et dix-huit ans. Leur examen d'admission se passait au chef-lieu de chaque département devant un jury nommé par le préfet, et les matières sur lesquelles on les interrogeait avaient beaucoup d'analogie avec celles du programme d'admission de l'École de Saint-Cyr. Elles comprenaient la langue française, la connaissance de la langue latine basée sur le cours de la classe de troisième, l'arithmétique et la géométrie jusqu'aux solides.

Le soin que l'Empereur prit lui-même de régler tous ces détails, malgré les préoccupations de la gigantesque campagne qui devait aboutir au coup de foudre de Wagram, indique toute l'importance qu'il attachait à cette institution, l'espoir qu'il fondait sur elle, et la mesure des services qu'il attendait de sa cavalerie pendant la guerre, puisqu'il voulait tirer tous les ans de Saint-Germain cent cinquante sous-lieutenants, le triple environ de ce que fournit aujourd'hui à cette arme l'École spéciale militaire.

Un séjour de trois ou quatre années, dans une telle école, attestait en outre la velonté d'inculquer à ces jeunes officiers l'instruction la plus solide, et le chiffre élevé de la pension (1) celle de ne les puiser qu'au sein des familles opulentes de l'Empire, et par ce moyen d'assurer autant que possible leur bonne composition. Une lettre du 11 décembre 1809, adressée par le ministre de la guerre au général commandant l'école, lettre relative au choix des élèves, insista sur ce point que la fortune est nécessaire pour servir dans les troupes à cheval.

L'état-major de l'école ne put être nommé que le 8 août, à la fin de la campagne de 1809, à laquelle avait pris part le ministre de la guerre lui-même, et d'où il revint avec le titre de duc de Feltre. Le commandement de l'école fut confié au général de brigade Clément de la Roncière, et le commandemeut en second au colonel Brunet, ex-colonel du 24° chasseurs (2). L'administrateur comptable était M. Ménard, l'aumônier-bibliothécaire, l'abbé Langlet, et le quartier-maître trésorier, M. Petit.

---

(1) Il est aujourd'hui de 1000 francs à l'École polytechnique, et de 1500 francs à l'École de Saint-Cyr.

(2) Le général Brunet-Denon, neveu du savant Denon, est mort à Paris en 1866. Une note qui nous est communiquée par un habitant de Saint-Germain, contemporain de l'École de cavalerie, nous apprend que le colonel et le général étaient amputés chacun d'un bras, ce qui faisait dire qu'ils avaient une paire de bras pour deux.

MM. Simon, capitaine d'infanterie, et Dutertre, écuyer, provenaient de l'École de Saint-Cyr. Un certain nombre de professeurs avaient été aussi empruntés à cette école, à celle de Metz et au Prytanée de la Flèche, afin que le personnel enseignant apportât immédiatement dans sa mission l'expérience nécessaire à l'éducation des élèves.

Le traitement du général s'élevait, en y comprenant les frais de représentation, à 27,000 fr. et celui du colonel à 9,500 dont 4,000 comme directeur des études. Ceux des officiers et des professeurs variaient de 2,400 à 4,000 fr.

Le premier décret d'admission des élèves porte la date du 17 septembre 1809. Il comprend 45 candidats dont 10 venus de l'École de Saint-Cyr. Le deuxième décret est du 30 septembre suivant. De grandes familles de France, de Hollande, de Belgique et d'Italie répondaient aux vues de l'Empereur, et les contrôles de l'École ont enregistré leurs noms dont un grand nombre appartient à l'histoire.

Le 11 octobre, 36 chevaux de manége estimés à 19,100 fr., 18 palefreniers, un surveillant et un maréchal-ferrant quittaient l'École d'équitation de Versailles, pour prendre place dans les bâtiments de celle de Saint-Germain ; c'est donc aux premiers jours d'octobre qu'il faut rapporter l'ouverture de l'établissement et le début des études. Le 1er janvier 1810, l'Ecole ne possédait encore que 68 élèves pensionnaires et 32 chevaux de manége ; mais le 19 novembre de la même année, le nombre des élèves est déjà

porté à 130 et celui des chevaux à 125, dont 95 de
manége et 30 d'escadrons.

Les cinq ailes du château et leurs pavillons avaient
été jugés suffisants pour recevoir l'état-major et
600 élèves; voici quelle fut la distribution des appartements. Dans l'aile ou courtine du midi, on établit
les logements d'officiers, la salle du conseil, la bibliothèque et les bureaux. Les façades et les pavillons qui avaient vue sur le parterre furent consacrés
aux dortoirs ou chambres des élèves. Le pavillon du
nord contenait à lui seul cinq grandes chambres au
rez-de-chaussée prenant jour sur le parterre par qua-
torze croisées, et les classes au premier étage.

Un petit appartement, garni de cheminées de mar-
bres et de panneaux dorés, dans le pavillon de l'ouest,
et que la tradition locale désigne comme celui de
Mlle de la Vallière, fut attribué aux sœurs infirmières.

Cette tradition est complétement erronée. Les pavillons furent construits par Mansard après 1675,
époque à laquelle Mlle de la Vallière prit le voile
aux Carmélites de Chaillot.

La cour intérieure, trop restreinte, ne pouvait con-
venir aux promenades des élèves. On en créa une à
l'extérieur, sur le parterre; elle était close de murs
avec une tourelle à chaque angle, et pour y arriver
on jeta un léger pont en charpente sur le fossé qui la
séparait de la façade du nord.

La grande galerie des fêtes ou salle de Mars demeurait sans emploi. Elle tombait en ruines et la

pluie y pénétrait par toutes les fenêtres. On l'utilisa comme salle d'exercices ou de récréation quand il faisait mauvais temps.

L'hôtel du Maine, destiné d'abord aux maîtres ouvriers et aux trompettes, n'était pas habitable. On en fit des magasins et on logea au château ouvriers et trompettes.

Dans les bâtiments qui l'avoisinaient et qui prirent le nom d'écuries du manége, on plaça les palfreniers, les chevaux, la forge et les magasins. Ces écuries pouvaient contenir 178 chevaux et durent suffire au service pendant toute la durée de l'établissement, car il résulte du relevé des contrôles que de 1809 à 1814, il ne disposa que de 110 chevaux de manége, dont 102 provenant de l'école de Versailles et 8 de Saint-Cyr, et de 58 chevaux d'escadrons ; en tout 168 chevaux.

Avec les premiers fonds, on avait mis ces locaux dans un état satisfaisant, réparé les toitures, consolidé les balcons, et refait à neuf les ravalements intérieurs, qui avaient exigé à eux seuls une dépense de 40,000 fr.

Dans la chapelle il ne restait que la boiserie du chœur. Le conseil d'administration de l'École, à peine constitué, tourna un regard ému vers cette portion si profondément mutilée du vieil édifice. Dans une délibération du 27 octobre 1809, il exprima le vœu de sa restauration et le désir de la rendre au culte. En portant jusqu'au ministre de la guerre l'expression d'un sentiment si légitime, le conseil s'appuyait

sur les termes du décret du camp de Schœnbrunn,
qui statuait qu'un aumônier serait attaché à l'École.
D'autres préoccupations ne permirent point de prendre cette demande en considération ; néanmoins
les élèves furent conduits chaque dimanche à la
messe dans la chapelle, malgré son état de délabrement.

Le 6 septembre, le général de Clarke règle leur
uniforme : la grande tenue consiste en un schako à
tresses blanches, orné d'un plumet; un habit bleu à
revers blancs, avec collet, parements, pattes écarlates
et doublures en serge de même nuance ; veste ou gilet
de drap blanc, culotte de peau blanche, bottes à l'é-
cuyères, avec éperons bronzés. Le bouton de métal
blanc, estampillé d'une aigle, porte cette légende :
*Ecole militaire de cavalerie*. Le manteau est en drap
blanc.

La petite tenue comprend un surtout bleu, sans
revers, et une culotte de même couleur. L'armement
et l'équipement se composent d'un fusil et d'un sabre
de dragons, avec ceinturon et dragonne, d'une paire
de pistolets, d'une giberne-banderolle et de gants
crispins (1).

Quelques mois plus tard, le 18 février 1810, le ministre modifie presque complétement cet uniforme qui
ne participait point assez de celui de la cavalerie. Au
lieu du schako les élèves coiffent le casque de dra-

(1) D'après une note d'un ancien élève de l'école, la première
tenue, quoique ordonnée, ne fut pas mise en usage.

gon, l'habit bleu fait place à un habit vert, avec collet, revers, parements de la même couleur, mais bordés d'un liséré blanc, doublures rouges, poches en long, bordées d'un liséré rouge. Le revers qui s'ouvre laisse voir le gilet blanc. Le reste de la tenue est conservé. Le changement de couleur du fond de l'habit entraîne celui de la petite tenue, qui fut confectionnée en drap vert.

A cheval, cet uniforme martial et plein d'élégance devait parer à ravir ces fiers adolescents que les triomphes de l'Empire rendaient de bonne heure amoureux de la gloire et des armes.

La simplicité de leurs repas se rapprochait peut-être trop de celle des camps, car ils étaient subordonnés au pain de munition et réduits à la soupe, à un plat de bœuf et à un plat de légumes avec une demi-bouteille de vin matin et soir. Ils mangeaient dans des gamelles d'étain, non pas réunis, mais dans leurs chambres, et les seuls objets qui pussent leur rappeler le luxe et l'aisance dans laquelle ils avaient grandi, étaient une timbale et un couvert d'argent compris dans leur trousseau.

L'instruction militaire et l'équitation étaient l'objet des plus grands soins à l'École, et les élèves s'y dévouaient avec goût (1).

(1) Parmi les écuyers ou officiers instructeurs de l'école de cavalerie de Saint-Germain, il y a lieu de rappeler ici les noms de MM. Sourbier, capitaine, faisant fonction d'officier supérieur, et devenu maréchal-des-logis aux gardes du corps, puis major, à sa

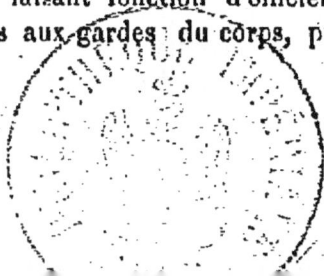

6

Depuis que le général de Melfort avait fait adopter une ordonnance de manœuvre pour la cavalerie, depuis surtout que les officiers français s'étaient trouvés en face des escadrons du grand Frédéric; ils s'étaient piqués d'amour-propre et étaient devenus à leur tour manœuvriers.

Le 1er vendémiaire an XIII (23 septembre 1804) apparut une ordonnance à la rédaction de laquelle contribua l'état-major de l'école d'équitation de Versailles. Elle avait introduit de sensibles améliorations dans les vieilles méthodes refondues en 1788, et rendu les régiments plus mobiles. La cavalerie en fit une vaste application dans les grandes guerres de l'Empire. Ce fut la plus belle époque de cette arme, et cette ordonnance suffit à l'exécution des mouvements qui, devant l'ennemi, ont consacré sa réputation.

Quant à l'équitation proprement dite, elle était à son apogée. La Guérinière, d'Abzac, Mottin de la Balme, d'Auvergne, de Bohan avaient paru avec éclat. Le *Traité d'équitation* de ce dernier était devenu la règle la plus parfaite des régiments et des écoles. Cet officier de haut mérite, qui avait pratiqué l'équitation militaire sur le champ de bataille, n'ignorait rien de

formation, du 1er cuirassiers de la garde royale; Desophé, écuyer, commandant, dont le fils, colonel de cavalerie, fut amputé en Russie; et Cordier, capitaine, qui devint plus tard écuyer commandant du manége de Saumur, et fut l'un des rédacteurs du *Cours d'équitation militaire à l'usage des corps de troupes à cheval*, M. le colonel Cordier, son fils, est mort, il y a peu de temps, commandant en second de l'école de Saumur.

ce qu'il fallait allier de hardiesse à la position acadé-
mique si accomplie à la fin du siècle dernier. Sa méthode est claire, ses préceptes faciles dans leur application, et les hommes érudits qui écrivirent le
*Cours d'équitation militaire* à l'usage de l'école de Saumur, en se bornant à développer d'aussi remarquables
principes, rendent l'hommage le plus digne à leur
prédécesseur et à leux maître, le baron de Bohan.

Tels étaient les enseignements que recevaient les
élèves de l'école de cavalerie de Saint-Germain. La
plupart d'entre eux se sont souvenus, dans leur glo-
rieuse existence militaire, des traditions dont avait été
nourrie leur jeunesse.

Le manége dans lequel ils prenaient la leçon d'é-
quitation ne pouvait contenir que 15 ou 18 cavaliers
à la fois; leurs exercices et leurs manœuvres trou-
vaient, dans la promenade du parterre, mise à leur
disposition tout le terrain nécessaire à la pratique
extérieure du travail.

Mais ils se laissaient trop étourdir par l'écho du
canon qui traversait la frontière, ils étaient trop
peu maîtres de l'ardeur juvénile qui entraînait leurs
imaginations sur nos champs de bataille pour se li-
vrer complaisamment à d'autres études qu'à des
études militaires. Les annales de l'École ont conservé la mémoire de cette indifférence dont s'émut
l'Empereur, et que peut seule excuser la fougue de
la jeunesse exaltée par un état de guerre en per-
manence.

L'artillerie était un des exercices qui leur présentaient le plus d'attraits; ils possédaient des bouches à feu; mais pas de polygone. Au commencement de 1812, le général de la Roncière en demanda au ministre de la guerre l'établissement dans la forêt. L'emplacement qu'il choisissait à cet usage était l'ancienne route de Pontoise qui part de celle des Loges et va aboutir à l'endroit appelé la *Mare aux canes*, en rasant de chaque côté dix ou douze mètre de taillis.

Le duc de Feltre ne s'y opposa point; il dut, cependant, en référer au prince de Neufchatel, grand veneur, qui répondit à sa proposition par la lettre suivante :

Paris, 29 février 1812.

« Monsieur le duc, je reçois votre lettre relative au
» polygone à établir dans la forêt de Saint-Germain.
» Rien ne peut faire plus de tort, tant au plaisir de
» l'Empereur qu'à la conservation de la forêt, que
» l'établissement d'un polygone dans son enceinte.
» J'ai cru devoir faire, à ce sujet, un rapport à l'Em-
» pereur. Sa Majesté n'a pas encore prononcé, et je
» dois, par conséquent, m'opposer à l'établissement
» du polygone jusqu'à nouvel ordre, par le tort que
» cela ferait à la forêt.

» Je renouvelle à Votre Excellence l'assurance de
» ma plus haute considération.

» Prince WAGRAM DE NEUFCHATEL. »

La question resta indécise et le ministre de la guerre

statua que, jusqu'à nouvel ordre, on se bornerait à l'exercice à blanc du canon dans le parterre.

Le nombre des candidats qui se présentaient aux examens d'admission était loin cependant de répondre aux espérances de l'Empereur. En 1811, la moyenne des élèves n'était que de 155, et au 1er janvier 1812 les chiffres s'élevaient seulement à 182.

Au commencement de cette année, quelques désordres se manifestèrent dans l'intérieur de l'établissement. Un certain mécontentement régnait parmi les élèves, l'éducation morale souffrait, la discipline se relâchait, et des familles alarmées firent entendre des plaintes qui trouvèrent accès jusqu'au souverain.

Voici la lettre qu'il écrivit à ce sujet, le 3 avril 1812, au ministre de la guerre :

« Monsieur le duc de Feltre, il me revient toutes
» sortes de plaintes sur l'école de Saint-Germain. Ces
» plaintes ont le très-mauvais effet de dissuader les
» familles riches d'y envoyer leurs enfants. On m'as-
» sure que le pain est très-mauvais, la nourriture in-
» suffisante, l'éducation très-dure, l'instruction nulle,
» hormis pour le militaire. Faites-moi un rapport sur
» le régime de cette école. Le pain doit y être très-bon,
» la nourriture abondante, l'éducation supérieure à
» celle de l'école de la Flèche et paternelle, l'instruc-
» tion variée; on y doit enseigner le dessin, la mu-
» sique, l'histoire, la géographie, la littérature. Cette

6.

» école ne remplit pas mon attente. Elle est destinée
» à recevoir les enfants des familles les plus riches de
» France, et on les en éloigne. Cette école jouit du
» plus mauvais renom dans le public.

» Sur ce, etc.,

» NAPOLÉON. »

Cette lettre, à travers laquelle perce un vif mécontentement, était l'éclair précurseur de l'orage.

Le 14 avril, dans l'après-midi, l'Empereur arriva à l'improviste à l'école.

## XII

### LA VISITE DE L'EMPEREUR A L'ÉCOLE DE CAVALERIE. — DISSOLUTION DE L'ÉCOLE.

Une visite de cette nature, quoique sans apparat, causa une grande surprise et un grand émoi dans l'établissement. Le général et son état-major se portèrent en hâte au-devant de Sa Majesté, qui annonça l'intention d'inspecter en détail une maison contre laquelle s'élevaient au dehors des préventions hostiles à ses vues, et où il montrait la volonté de faire l'éducation de jeunes hommes suivant les besoins nouveaux.

Les élèves étaient dans leurs salles, en petite tenue, occupés à leurs travaux journaliers. En pénétrant dans les classes, l'Empereur manifesta son étonnement de ce que les professeurs étaient vêtus d'habits de différentes couleurs, et ne portaient pas d'uniforme comme à l'ancienne École militaire. La petite tenue des élèves, fort simple, fut au contraire loin de lui déplaire.

Il leur fit donner l'ordre de monter à cheval.

A la salle de visite, son mécontentement commença. Cette pièce, située sous la voûte sombre du rez-de-chaussée de la façade de l'ouest, lui parut inconvenante et mesquine. Il remarqua qu'elle devait causer aux familles une impression défavorable, et prescrivit de transformer en salle de visite la salle d'escrime, plus spacieuse et plus éclairée.

Aux cuisines, on préparait le dîner. Il goûta le pain de munition, et le déclara mauvais (1). Les aliments de l'ordinaire ne lui parurent satisfaisants ni comme préparation, ni comme composition. Il entendait que le pain ne différât en rien de celui qu'on mangeait sur les meilleures tables, et que les élèves en eussent à discrétion. Les gamelles de fer battu ou d'étain, prêtes à recevoir les repas, le choquèrent; il observa que leur aspect, malgré toute la propreté possible, déplairait à l'œil des mères, qu'il était indigne que des enfants de grande maison mangeassent à la gamelle, dans des ustensiles dédaignés des artisans, et qu'il fallait immédiatement substituer à cette

(1) En 1812, le pain de munition était loin d'égaler en qualité celui que mangent aujourd'hui nos soldats. Il était fabriqué en farine de méteil de trois quarts froment et un quart seigle, avec extraction du son à 15 pour 100 de la farine brute, ce qui lui donnait une couleur noirâtre.

En 1822, une ordonnance royale prescrivit la fabrication de ce pain avec des farines de pur froment, blutées à 10 pour 100 d'extraction de son. En 1846, le blutage se fit à 15 pour 100. Enfin, un décret impérial du 30 juillet 1853 a ordonné que les farines provenant de blé tendre, employées à la fabrication du pain de troupe seraient blutées au taux d'extraction de 20 kilogrammes de son pour 100 kilogrammes de farine brute, ce qui a rendu ce pain d'une qualité supérieure et presque blanc.

indigente ferblanterie une vaisselle de faïence simple, mais décente (1).

Sa surprise redoubla quand il apprit que les élèves n'avaient pas de réfectoire et mangeaient dans leurs chambres. Il ordonna d'établir un réfectoire soit au rez-de-chaussée de leur quartier, soit dans la salle de Mars, dont on usait pour faire l'exercice pendant le mauvais temps, et d'y garnir les tables de nappes et de serviettes.

Le souverain se reportait sans doute à l'époque de ses jeunes années, où, sorti de Brienne, il faisait partie de la compagnie des cadets genstilshommes détachés à l'école militaire de Paris. Il se souvenait qu'alors ses camarades et lui y étaient bien nourris, bien servis, traités comme des officiers, et sa sollicitude exigeait que ce régime convenable dont il entretenait à Sainte-Hélène les compagnons de sa captivité, fût aussi le partage de la jeunesse d'élite à laquelle il avait rendu l'enseignement des écoles militaires.

L'impression éprouvée par l'Empereur à la révélation inattendue de ces imperfections, accrut sa mauvaise humeur, lorsqu'en sortant par la porte du midi il s'aperçut que les élèves, pour se rendre au ma-

(1) La note de l'élève déjà cité plus haut témoigne qu'avant la visite de l'Empereur, la nourriture était non moins détestable que le liquide qui l'accompagnait. Les élèves prenaient leurs repas debout, dans la chambrée, autour d'une table circulaire, et mangeaient à la gamelle en y plongeant alternativement leurs cuillers, comme cela se pratiquait alors dans l'armée.

nége, demeuraient en communication avec la rue. Il
interdit cette correspondance qui pouvait dégénérer
en abus, nuire aux études, et voulut que le passage
de l'École au manége fût limité par un mur d'enceinte
décrivant une ligne, de l'angle sud-ouest de la contrescarpe du fossé à l'entrée de la rue de la Verrerie.

Il remarqua que le manége avait à peu près les
dimensions de celui de Saint-Cloud, attribué aux
pages et aux écuyers de sa maison, et qu'il pouvait
provisoirement suffire à l'instruction hippique.

La vue des écuries ne lui inspira pas le même sentiment. Ces écuries, en effet, au nombre de six,
étaient fort divisées, étroites, mal aérées, les unes
dans les dépendances de l'hôtel du Maine, les autres
sur le terrain circonscrit entre la rue de Paris, l'avenue du Boulingrin, la rue de la Verrerie et la rue
Henri IV, terrain actuellement occupé par le quartier de cavalerie. Un de ces locaux donnait place à
quatre-vingts chevaux, les cinq autres ne pouvaient
en contenir que de quatre à seize. L'Empereur exprima le désir de les remplacer par une vaste et belle
construction pour trois cents chevaux, d'une surveillance commode, d'un service facile et d'une architecture en harmonie avec l'importance de l'École, l'es-
pérance qu'il fondait en elle et le relief qu'il jugeait
indispensable de lui imprimer.

Les élèves montèrent ensuite à cheval. Ils témoi-
gnaient d'un goût prononcé pour les exercices éques-
tres ; leurs maîtres, héritiers des bonnes méthodes
dont heureusement l'école de Versailles avait entre-

tenu le culte pendant la Révolution, leur en avaient inculqué les solides principes ; ils étaient bien placés à cheval, ils possédaient dans le maniement des armes la dextérité de la jeunesse intelligente. Ils manœuvrèrent avec cet amour-propre qui se développe d'une façon incroyable dans nos écoles militaires, sous le regard d'un personnage illustre, électrise les cœur et conduit à la perfection par l'accord des volontés.

L'Empereur fut content de cette instruction. Pour manifester sa satisfaction aux élèves, il accorda la sous-lieutenance à ceux de l'âge de vingt ans qui avaient deux années de présence à l'école, ainsi qu'à ceux qui y comptaient quinze mois, à la condition qu'ils y demeureraient encore trois mois. Cette mesure, accueillie avec enthousiasme et gratitude, enlevait cinquante-trois jeunes gens à l'établissement et en ajournait quarante ; mais leur degré d'instruction ne permit d'accorder l'épaulette à ces derniers qu'au mois de janvier 1814.

Cette courte inspection suffit au rapide jugement de l'Empereur. En quelques instants il avait apprécié l'institution naissante. Lorsqu'il quitta le général et son état-major, il résuma son sentiment en quelques mots : « L'École, leur dit-il, ne répondait nullement à son attente ; il fallait qu'elle devînt le plus bel établissement du monde (1). »

(1) Lettre du général de la Roncière au ministre de la guerre, 15 avril 1812.

Le peu de développement des travaux exécutés dans le château, le manque d'espace à ses abords, l'insuffisance des terrains d'exercice, l'avaient frappé non moins que les défectuosités du régime intérieur. Afin de rester à l'aise dans l'accomplissement des desseins qu'il méditait en faveur de l'École, il décréta ce jour même la réunion du palais de Saint-Germain au domaine de la couronne.

Jusque-là les plans adoptés pour l'acquisition d'un champ de Mars étaient restés à l'état de projet d'une réalisation problématique ; l'Empereur leva toutes les difficultés en accordant à son école, pour faire une carrière, la totalité du parterre et du quinconce du château, dont il disposait dès lors comme propriété de la couronne, et il ordonna à l'intendant du domaine de clore cette carrière d'une palissade de bois.

Le procès-verbal de cession du château par le département de la guerre atteste le délabrement des grands appartements laissés sans emploi dans les façades de l'ouest et du nord, quoique depuis trois ans il eût été dépensé 575,441 francs pour les réparations de l'édifice. Ce document a conservé aussi les noms exclusivement militaires, attribués à quelques-uns des locaux. Le grand escalier en face du parterre s'appelait alors l'escalier du Mont Saint-Bernard, et celui qui conduisait à l'appartement des sœurs infirmières, l'escalier de Fontenoy.

L'état major de l'École, composé d'officiers d'un mérite reconnu, ne pouvait demeurer entièrement

responsable des imperfections signalées par l'Empereur, car il avait été prescrit que l'administration de
la maison serait provisoirement empruntée à celle de
Saint-Cyr, et aucune décision n'avait annulé cet ordre. Il s'ensuivait que l'alimentation des élèves, les
règles de police et de discipline et la plupart des
cours d'études ne différaient en rien de ce qui se pratiquait à Saint-Cyr. Le tableau du service journalier,
très-exigeant pour le travail, très-sommaire en ce
qui concernait les récréations, avait été calqué sur
celui de l'école qui servait de base et de modèle.
Quant au moral des élèves, il subissait l'influence
d'un temps où les préoccupations belliqueuses et les
aspirations vers une liberté prématurée tenaient trop
de place dans des esprits rigoureusement voués à
l'étude.

Quelques mois, néanmoins, après la journée passée
par l'Empereur à Saint-Germain, le général de la
Roncière était relevé de ses fonctions par le général
Maupoint de Vandeuil. Mais comme ce dernier
servait à l'armée d'Espagne sous les ordres du
maréchal Suchet, le duc de Feltre confia le commandement par intérim de l'École de cavalerie au général Bellavène, qui avait montré une remarquable
aptitude dans le même emploi à l'école de Saint
Cyr.

Le premier soin du général Bellavène fut d'exécuter, autant que le permettaient les circonstances, les
ordres les plus urgents émanés de la volonté impériale.

7

L'architecte du château, M. Lepère, demandait 104,000 francs pour les transformations à opérer à l'intérieur et pour la clôture de la carrière. Mais la campagne de 1812 était décidée et les ressources de la Couronne s'épuisaient. On commença la construction des réfectoires, au rez-de-chaussée de la façade du nord, à droite et à gauche de l'escalier du Mont Saint-Bernard; comme elle ne pouvait être terminée avant l'hiver, on installa une salle à manger provisoire dans le salon de Mars, ouvert à tous les vents et dont la voûte s'effondrait. Les élèves y prirent leur premier repas le 15 août 1812, sur des tables couvertes d'un service de linge de cretonne et de faïence de Rouen (1). Ils acclamèrent l'empereur avec le feu qui embrasait leurs jeunes âmes; c'était l'avant-veille de l'entrée des Français à Smolensk.

Le régime alimentaire était amélioré. Le repas du matin se composait de soupe, de bœuf bouilli et d'un plat de légumes; celui du soir, d'un rôti ou ragoût à raison d'un quart de kilogramme de viande par élève, d'un plat de légumes ou d'œufs et d'une salade. Chacun avait une demi-bouteille de vin de Bourgogne au repas et du pain blanc de qualité supérieure à discrétion.

Quelques élèves, les plus anciens probablement,

(1) La facture du linge et de la vaisselle de table s'élève à 2673 fr. Elle comprend 80 nappes à 21 fr. 50 c. l'une, soit: 1720 f. 60 plats de faïence de Rouen à 1 fr.; 48 id. creux à 1 fr. 50 c.; 800 assiettes à 3 fr. 75 c. la douzaine, des carafes, salières etc.

obtinrent des chambres séparées avec des rideaux à leurs lits.

Une autre tolérance vint apporter un grand adoucissement à la sévérité des règlements de la maison et une grande joie aux familles. Celles-ci, qui ne pouvaient communiquer avec leurs enfants que le dimanche, purent les demander chaque jour de la semaine à la salle des visites.

Malgré toutes les améliorations en projet, le général Bellavène ne considérait pas le château de Saint-Germain comme bien approprié à sa destination. Sa correspondance avec le ministre de la guerre témoigne sans détour de ce sentiment. Il demandait qu'on cherchât, pour y transférer l'institution, un vaste collége ou une abbaye disponible et, en homme pratique, il exprimait le vœu qu'on ajournât les grandes dépenses prescrites ou consenties par l'Empereur tant qu'on n'aurait pas résolu l'indispensable problème de réunir directement le manége et les écuries aux bâtiments du château.

Le Parterre où se faisait l'exercice à cheval, terrain défectueux, impraticable en temps de pluie, ne convenait pas, selon lui, à une école de cavalerie, par le retard qu'une telle insuffisance apportait au travail. Le général proposait de dépaver la grande cour des écuries de manége, de la sabler et d'y établir la carrière, dont le sol eût été solide en tout temps.

Parmi les considérations d'un autre ordre qui lui semblaient nuire aux études, il plaçait en première

ligne les admissions successives des élèves, qui
avaient lieu non point à des époques fixes, mais dans
le cours de l'année et qui contrariaient la marche
régulière des cours. Il observait qu'un séjour de trois
ou quatre années à l'École était trop long pour l'é-
lève. Les circonstances de guerre l'abrégeaient, il est
vrai (1), mais il n'en était pas moins rendu obliga-
toire par le décret constitutif et une telle perspective
décourageait des jeunes gens ambitieux de se rendre
aux armées.

Le commandement du général Bellavène porta ses
fruits. Les familles se montrèrent plus rassurées et
l'école entra dans une voie prospère.

Le général Maupoint, précédé d'une excellente réputation, arriva d'Espagne, et fut reconnu dans son
emploi le 2 décembre 1812.

Sous la direction du général Bellavène, le chiffre
des élèves était monté à 200 ; il fut, au 1ᵉʳ janvier
1813, de 213, nombre le plus élevé que présentent
les situations journalières. A cette même époque,
l'établissement possédait 154 chevaux dont 97 de ma-
nège et 54 d'escadron.

En 1812, selon les ordres de l'Empereur, l'intendant des bâtiments de la couronne avait commencé
sur le Parterre la clôture de la carrière qui devait
être de bois et non de pierre, de crainte de nuire à
l'ensemble de l'édifice.

Le plan de cette clôture embrassait dans le Par-

(1) Les élèves ne demeurèrent jamais trois ans à l'École.

terre un quinconce d'arbres qui fournissait un peu d'ombrage et laissait libre la grande allée qui conduit, par la porte de Noailles, de la ville à la terrasse. Il comprenait quatre portes dans la palissade: une près du château, du côté de la terrasse; la seconde en face, du côté de la ville; la troisième qui s'ouvrait sur la route des Loges; et la quatrième sur la place de Noailles.

On dépensait pour cet objet 20,000 francs. Déjà le quart de la clôture était debout, le bois nécessaire aux trois autres côtés débité et prêt à être dressé, lorsque les habitants de Saint-Germain s'émurent de ce travail menaçant pour leur promenade favorite. Les propriétaires notables, le clergé, les fonctionnaires et les autorités de la ville adressèrent, le 21 mai 1813, la lettre suivante au ministre de la guerre:

« *A S. Exc. Monseigneur le duc de Feltre, ministre secrétaire d'État de la guerre.*

» Monseigneur,

» Les habitants de la ville de Saint-Germain en Laye, informés qu'ils sont à la veille de perdre une partie de la belle promenade du Parterre, ont l'honneur d'exposer à Votre Excellence que ce jardin est leur unique ressource et que les en priver, c'est anéantir la valeur de toutes leurs propriétés.

» Sa Majesté impériale et royale, touchée de leurs

très-humbles représentations, a daigné, par l'inter-
cession de la reine Hortense, leur en assurer la conservation.

» La ville de Saint-Germain ne peut se flatter de
recouvrer son ancienne existence que par l'attrait de
sa situation et c'est surtout la belle promenade du
Parterre conduisant à la terrasse qui détermine
beaucoup de personnes à venir se fixer dans cette
ville.

» La clôture provisoire projetée dans le Parterre
n'ayant pour objet que d'y former une enceinte pour
l'exercice des élèves de l'École, les habitants osent
prendre la liberté de vous observer, Monseigneur,
que les évolutions peuvent avoir lieu sans clôture,
comme elles s'y font journellement, et que si Votre
Excellence le jugeait à propos, rien ne serait plus
facile d'assurer la parfaite tranquillité de ces évolutions en plaçant dans le Parterre, toutes les fois
qu'elles auraient lieu, un détachement de la garde
nationale de Saint-Germain, qui veillerait à ce que
le public ne traversât pas l'espace parcouru par les
élèves ni ne s'approchât d'eux en aucune manière.
Cette surveillance de la garde nationale, qui serait
rigoureusement observée et à laquelle on ajouterait
la précaution de fermer les grilles du Parterre, équi-
vaudrait à la clôture et en épargnerait les frais. Ce
moyen, adopté par Votre Excellence, serait un bienfait pour la ville de Saint-Germain d'autant plus
précieux qu'il en résulterait pour elle la conservation
de ses propriétés et l'accroissement de sa population.

» Pleins de confiance en la bonté de Votre Excellence, les habitants conserveront avec la plus vive reconnaissance le souvenir de ce bienfait. »

Suivent trois pages de signatures des personnes les plus considérables de la ville.

La pétition eut un plein succès. On suspendit les travaux de clôture, et on dressa le devis des terrains à acquérir pour établir une carrière sur un autre emplacement. Ce devis montait à 600,000 francs, et resta sur le papier.

Dès cette époque, du reste, l'établissement souffrit des revers de nos armes et des sacrifices imposés au trésor public. Les améliorations, les achats d'immeubles, tout fut suspendu. Préoccupé de réorganiser ses légions et de sauver la monarchie, l'Empereur ne pouvait songer à son école de cavalerie que pour y puiser de nouveaux officiers.

Le 1er octobre 1813, l'institution ne possédait plus que 146 élèves.

Au 1er janvier 1814, elle en comptait 156, dont 28 boursiers, et 153 chevaux.

Enfin, au 1er juillet suivant, elle était réduite à 76 élèves, dont 25 boursiers. Il n'y avait plus dans les écuries que 79 chevaux de manége et 12 d'escadron.

En cette année néfaste, l'École, restreinte à la pension des élèves, manquait des ressources nécessaires à son entretien. Sa détresse devint extrême ; les fournisseurs refusaient à la maison la continuation de leur crédit, et la caisse vide de l'École fut sur le point de refuser des appointements aux officiers et aux fonctionnaires. Le ministre de la guerre se vit contraint de répondre par un secours d'urgence aux sollicitations pressantes du conseil d'administration.

Enthousiastes de l'Empire, les élèves ne purent accueillir avec indifférence les événements du mois de mars 1814. La chute de l'Empereur les jeta dans la consternation.

Le 30 mars, au moment où le canon de Montmartre leur apprit que Paris tentait généreusement de faire face à toutes les forces de l'invasion, ils invoquèrent avec énergie le devoir sacré de prendre part à la lutte, et de verser leur sang pour la défense commune.

Les chefs résistèrent à leur patriotique injonction, parce qu'une armée ennemie s'interposait entre Saint-Germain et la capitale, et qu'ils ne se reconnaissaient pas le droit de sacrifier cette précieuse jeunesse, dont ils répondaient devant le souverain et devant les familles.

Peu s'en fallut que, sourds à tous les arguments, les élèves ne méconnussent les ordres du général, et que l'ardeur virile qui échauffait ces jeunes têtes ne les poussât à la sédition. Renfermés dans l'enceinte du château dont on avait verrouillé les portes, ils s'irritèrent contre les rigueurs d'une inflexible mais prudente décision, et dans leur colère ils brisèrent les vitres, dont les éclats volèrent dans les fossés (1).

(1) Note de M. Bellavoine, ancien maire du Pecq, témoin oculaire de ce fait.

Il est des devoirs douloureux à remplir. Les officiers de l'École de cavalerie le connurent dans cette pénible circonstance en maintenant leur ferme attitude jusqu'à la fin de cette funeste journée.

Le 1er août de la même année, une ordonnance royale supprima l'École de cavalerie de Saint-Germain en Laye. Cette ordonnance décidait que les élèves seraient versés à celle de Saint-Cyr pour y jouir des avantages attachés à leur position. Les chevaux du manége passèrent aux écuries du roi et ceux d'escadron au dépôt central de cavalerie.

Le 1er mars 1815, une nouvelle école de cavalerie fut ouverte à Saumur dans l'ancien quartier des carabiniers, et put continuer presque sans interruption l'enseignement équestre dans l'armée.

L'Ecole de Saint-Germain avait eu cinq années d'existence, non sans distinction ; elle fût parvenue à de hautes destinées, si l'Empereur n'eût abdiqué le pouvoir.

Pendant ces cinq années, 558 numéros matricules prirent rang sur les contrôles de l'établissement. De ces numéros, il faut en retrancher 60 environ affectés à des jeunes gens qui ne rejoignirent pas l'institution ou optèrent pour d'autres écoles. Quelques-uns, enregistrés comme élèves pensionnaires, devinrent ensuite entretenus ou boursiers sous un autre numéro, en sorte qu'en réalité le chiffre des élèves n'atteignit pas 500. Le numéro matricule 1 appartient à l'élève Foubert provenant de Saint-Cyr, qui ne rejoignit pas, et le n° 558 à l'élève Sciamanna.

Trois cent seize élèves sortirent de l'École de Saint-Germain revêtus de l'épaulette de sous-lieutenant, les autres rentrèrent dans leurs familles ou furent dirigés sur Saint-Cyr à l'époque du licenciement.

Voici la date des diverses promotions avec le nombre des élèves promus :

Dn 29 juin 1810 à la fin de l'année.  6 s.-lieut.
Du 20 juillet 1811. . . . . . . 12
Du 31 juillet 1811. . . . . . : 1
Du 11 mars 1812 . . . . . . . 4
Du 15 mars 1812 . . . . . . 2
Du 24 avril 1812 . . . . . . 47 (1)
Du 24 septembre 1812 . . . . 6
Du 28 janvier 1813. . . . . . 7
Du 30 janvier 1813. . . . . . 105
Du 18 mars 1813 . . . . . . 20
Du 8 décembre 1813. . . . . 2
Du 19 février 1814 . . . . . . 30
De février à mars 1814 . . . . 2
Du 30 mars 1814 . . . . . . 67
Promotions isolées d'avril en juillet
1814 . . . . . . . . . 4
Du 14 juillet 1814. . . . . . 1
                                    _____
          Total . . . . 316 s.-lieut.

La date des sorties était aussi peu régulière que celle des admissions, comme l'indique ce tableau. Le

(1) Les cinquante-trois élèves nommés sous-lieutenants les 24 avril et 21 septembre 1812, furent ceux qui durent leur promotion anticipée à la visite de l'Empereur.

premier élève promu officier fut M. de Clermont-
Tonnerre, nommé au 13° régiment de cuirassiers le
20 juin 1810, et le dernier M. Saint-Firmin, nommé
le 14 juillet 1814, à la veille du licenciement.

Parmi ces jeunes gens, un grand nombre étaient
issus de familles auxquelles s'attachait une célébrité
d'origine déjà ancienne ; d'autres ne durent qu'à la
distinction de leurs travaux dans les hautes sphères
de l'armée ou de l'administration les splendeurs de
leur propre lustre ; ils en ont fait rejaillir l'honneur
sur l'institution qui leur ouvrit l'accès d'une si belle
carrière.

Dans la liste des élèves, nous avons remarqué les
noms de MM. de Ravignan, devenu officier supérieur ; Pellion, général de division ; Bonafous-Murat,
aide de camp et neveu du roi Murat ; de Mailly,
lieutenant-colonel, aide de camp du duc de Bordeaux ;
de Chalendar, devenu général de division ; Despérais
de Neuilly, général de brigade ; d'Oultremont, tué à
l'ennemi en 1814 ; Rodriguez de Vosta Yoega, de
Rétimont, d'Hoene, Stienhuysse, d'Hann, aide de
camp du roi des Belges, ces cinq derniers appartenant à la Belgique ; Spinola à l'Italie ; de Clermont-
Tonnerre, de Maupeou, de Cauvigny, de Suleau,
ancien préfet ; Worms de Romilly, sous-intendant
militaire ; de Bois-le-Comte, général de division ; de
Bauffremont, lieutenant-colonel, aide de camp du
duc de Bordeaux ; Rilliet, général de division ; de
Barbançois, sénateur ; de Morell, général de brigade ; Passy, ministre des finances ; Berryer, géné-

ral de brigade; de Cossé-Brissac, lieutenant-colonc
aide de camp du duc de Bordeaux; de la Rochefoucauld, de Lusignan, de Vincent, ancien préfet du
Rhône, sénateur; de Mornay, Jacqueminot, d'Oul-
lenbourg, lieutenant-colonel; Martin de la Bastide,
de Saint-Sauveur, Dervieu-Duvillars, officier supérieur; de Chavanes, d'Andigné de Mayneuf, de Mon-
tesquiou, Molitor, fils du maréchal, Scherer, fils du
général, Maupoint de Vaudeuil, fils du commandant
de l'École, les trois frères de Chiseuil, Allier, ancien
capitaine et député, sculpteur d'un très-grand mérite; Lacrosse, ancien ministre, sénateur.

Au-dessus de ces individualités brillantes, plane
une des plus pures et des plus glorieuses illustrations
de notre pays.

L'élève Regnaud de Saint-Jean-d'Angély, entré à
l'école de Saint-Germain, sous le numéro matricule
295, et nommé sous-lieutenant à la grande armée le
21 septembre 1812, est devenu maréchal de France
et commande aujourd'hui la garde impériale.

Fils d'un homme dont le nom brille en caractères
éclatants dans le panthéon historique du premier
Empire, et dont un bronze immortel consacre la
mémoire vénérée au sein de sa cité natale, orgueil-
leuse d'une telle origine, le maréchal Regnaud de
Saint-Jean-d'Angély a soutenu avec autorité la grandeur de l'héritage paternel.

Dévoué à son prince et à son pays, fidèle à ses con-
victions et au culte de l'honneur qui environna son
berceau, il a porté son épée, du jour où il l'a tenue,

sur tous les rivages rendus célèbres en ce siècle par nos grandes guerres, et il a mérité que la voix du souverain proclamât sur le champ de bataille de Magenta, qu'il s'était couvert de gloire.

Une école militaire qui a formé de tels hommes au métier des armes, peut fièrement revendiquer sa place dans l'histoire de nos institutions, quelle qu'ait été la courte durée de son existence.

# XIII

## LE PÉNITENCIER MILITAIRE.

Le roi Charles X, alors qu'il s'appelait le comte d'Artois, nourrissait sur Saint-Germain des desseins dignes de l'éclat du rang suprême. La Restauration cependant ne trouva ni les ressources ni le loisir nécessaires à leur réalisation. A peine put-elle consacrer quelques sommes au casernement des gardes du corps établis dans le château et aux réparations les plus urgentes de la chapelle.

Le monument était encore une fois livré à sa morne solitude lorsque, sous le gouvernement de Juillet, une idée généreuse et féconde, la création des pénitenciers militaires, attira sur lui l'attention du département de la guerre.

Cette fondation, due au maréchal Soult, ministre de la guerre, tendait à faire participer l'armée au bienfait de la grande et libérale institution moderne qui a pour but d'améliorer le moral et le sort à venir des détenus, par l'obligation du recueillement et du travail (1). Elle fut consacrée par une ordonnance

(1) Il existe actuellement quatre pénitenciers militaires en

royale de 1832, et au mois de janvier suivant, notre premier pénitencier militaire fut installé dans les bâtiments de l'ancien collége Montaigu, déjà affecté à une prison et situé entre la maison d'éducation de Sainte-Barbe et le Panthéon.

La population militaire dévolue aux pénitenciers n'est pas composée de criminels endurcis par le temps ni rendus incorrigibles par les mauvaises passions, mais bien de soldats qui doivent subir une peine d'emprisonnement de six mois au moins, par suite de condamnation ou de commutation d'une peine plus forte.

Le régime auquel ils sont soumis, imité de celui des maisons centrales de correction, consiste dans la réclusion cellulaire pendant la nuit et dans l'application durant le jour à des travaux rétribués, exécutés dans des ateliers intérieurs communs, sous une surveillance constante et l'obligation d'un silence absolu.

En certains cas, le régime pénitentiaire peut être aggravé par la réclusion diurne et nocturne dans les cellules de correction.

Le produit du travail des détenus est destiné en partie à former une masse qui doit pourvoir aux dépenses générales de l'établissement; le surplus leur est personnellement attribué pour leur composer une masse individuelle d'épargnes.

France : au fort de Vanves, à Metz, à Besançon, à Avignon, et trois dans nos possessions d'Afrique dont deux à Alger et un à Douera.

L'instruction primaire et l'assistance religieuse forment encore une des bases du régime habituel des pénitenciers militaires dont tous les agents doivent atteindre par une action incessante la réforme morale des détenus.

Il est passé avec des fabricants ou entrepreneurs des marchés qui ont pour objet l'établissement d'ateliers de travaux industriels dans l'intérieur du pénitencier. Les détenus qui n'ont aucune profession manuelle sont soumis à un apprentissage qui peut devenir un jour pour eux une source de bien-être.

Il était utile d'entrer dans ces détails pour faire comprendre que l'essai du régime pénitentiaire, avec les modifications nécessitées par l'état militaire des personnes, devait donner à la prison de Montaigu les plus heureux résultats. Mais à peine ces résultats se produisaient-ils que les architectes déclarèrent que cet édifice cinq fois séculaire chancelait sur ses assises et menaçait ses habitants. Cette antique construction d'ailleurs était vouée à une démolition prochaine par les plans d'amélioration et d'embellissement des abords du Panthéon (1). Il fallait déplacer le foyer de l'œuvre nouvelle sous peine d'en perdre les avantages acquis.

Le château de Saint-Germain parut propre à cette substitution. Le choix n'était sans doute pas heureux au point de vue de la grandeur des souvenirs qui se

---

(1) Le collége de Montaigu, édifié en 1314 par l'archevêque chancelier de Montaigu, a été démoli en 1844.

rattachent au royal monument. On lui enlevait son caractère originaire, on le ravissait par une claustration légale à l'art et à la science, mais le temps pressait et le manque absolu de local ne permettait pas d'alternative.

Une commission envoyée à Saint-Germain jugea, après un examen approfondi, que, par son isolement, sa situation, sa solidité et ses principales distributions, le château convenait à la destination qu'on lui assignait, autant que cette convenance pouvait se rencontrer dans un bâtiment qui n'était pas spécial à cette affectation. Il appartenait en ce moment au domaine de l'État et se trouvait dans les at ributions du ministre des finances. Le 17 juillet 1833, une ordonnance royale le plaça dans celles du ministre de la guerre.

L'examen du génie militaire fit reconnaître que l'abandon dans lequel on laissait le monument depuis de longues années le conduisait à un délabrement précoce qui faisait d'une année à l'autre d'effrayants et rapides progrès. C'était surtout la charpente qui souffrait de ce défaut d'entretien; les poutres, les solives, la toiture tombaient en ruines. Un devis estimatif porta les dépenses d'appropriation à 306,150 francs et celles des grosses réparations à 149,600 francs, ce qui donnait un total de 455,750 francs. Dans ce devis, la construction des cellules était évaluée à 150,000 francs.

Moyennant ces dépenses, le pénitencier pouvait soumettre au système cellulaire 537 détenus, dont

45 au régime de correction. Pour établir un si grand nombre de cellules, on sépara horizontalement par le milieu une partie des étages, c'est-à-dire que d'un étage on en fit deux, et on isola les prisonniers par de fortes cloisons. La cellule avait 2$^m$, 30 de longueur sur 1$^m$ 80 de largeur.

On conserva le rez-de-chaussée du château pour les ateliers de travail, les cuisines, les réfectoires, la salle de bains, le parloir, le corps de garde et les bureaux.

Suivant le désir manifesté par le roi, les pavillons des appartements royaux furent respectés et dévolus uniquement au culte imposant du passé.

Les fossés servirent de promenoirs. Afin de les dissimuler à l'extérieur, un mur de huit pieds masquait l'entre-sol du côté de la ville, en sorte que du fond du fossé au couronnement de ce mur, l'élévation atteignait environ 10 mètres. Toute communication avec le dehors devenait impraticable.

L'entrée monumentale de Louis XIV, qui s'ouvre sur la façade méridionale, fut murée, le pont supprimé et on ne laissa d'autre issue au pénitencier que la grande porte qui fait face à l'église.

La contrescarpe, dont le revêtement en maçonnerie roulait dans les fossés, fut relevée en pierres de taille.

Au commencement de l'année 1836, ces divers travaux étaient terminés, et au mois d'avril le pénitencier de Montaigu put être transféré à Saint-Germain.

La direction en fut confiée au général Boileau, maréchal de camp, qui la conserva jusqu'en 1839 où elle passa aux mains du lieutenant-colonel d'état-major Brès.

En 1837, l'établissement ne contenait que 75 détenus. Le rapport d'inspection générale de cette année constate que l'architecte avait tiré un heureux parti du château en l'affectant à sa destination, que les travaux d'appropriation avaient été dirigés avec intelligence, que les détenus étaient bien nourris et traités avec bienveillance. On reprochait aux ateliers du rez-de-chaussée d'être trop étroits et mal éclairés. C'est cette absence de lumière sous les voûtes sombres du monument qui avait déjà frappé l'empereur Napoléon Ier, en 1812, lorsque dans la visite à l'école de cavalerie, il ordonnait le déplacement du parloir situé au rez-de-chaussée.

Peu à peu, le personnel du pénitencier s'augmenta, les ateliers de travail s'organisèrent, et voici quelle était sa situation à l'époque de son plus grand développement.

Le personnel des fonctionnaires comprenait :

Un officier supérieur commandant, un capitaine commandant en second, un lieutenant, un sous-lieutenant, un agent comptable quatre sous-officiers adjoints au comptable, et vingt et un adjudants ou surveillants.

Les condamnés étaient ainsi divisés :

| | |
|---|---|
| Au service intérieur. . . | 11 employés. |
| Chaussonniers. . . . . | 96 — |
| A reporter. . | 107 |

|  | Report. | . | 107 employés. |  |
|---|---|---|---|---|
| Brossiers. | . . . . | . | 115 | — |
| Serruriers. | . . . . | . | 48 | — |
| Cordonniers. | . . . | . | 73 | — |
| Boutonniers. | . . . | . | 38 | — |
| Tailleurs. | . . . . | . | 56 | — |
| Cuisiniers. | . . . . | . | 4 | — |
|  | Total. | . . . . | 441 | employés. |

59 détenus manquaient au complet (1).

Les cours de l'école primaire étaient suivis par 321 élèves.

Enfin, on comptait 502 cellules ordinaires garnies de la demi-fourniture de l'administration des lits militaires, substituée au hamac, 5 cellules de correction et 35 cellules ténébreuses sans mobilier et pourvues seulement de paille.

La journée était bien employée au pénitencier militaire de Saint-Germain. Un observateur contemporain nous en a laissé le récit ; nous lui emprunterons quelques passages que le lecteur lui saura gré de nous avoir transmis sur cette maison qui n'est plus (2).

« A six heures du matin, en hiver, un tambour choisi parmi les prisonniers bat la diane, signal du réveil ; les sous-officiers surveillants prennent les clefs de leur division respective et vont ouvrir les cellules. Chaque détenu nettoie sa de-

(1) Situation du 22 juillet 1854,
(2) *Illustration* du 27 janvier 1844.

meure nocturne ; plie ses couvertures et le sac de campement dans lequel il couche ; les ablutions corporelles ont lieu dans les corridors, du 1er octobre au 1er avril, et le reste de l'année dans la cour ; tous ces détails d'une propreté parfaite sont scrupuleusement surveillés et s'exécutent en silence.

» Environ un quart d'heure après, les détenus descendent en ordre dans la cour ; l'appel a lieu de la même manière et avec les mêmes batteries que dans la ligne, les hommes sont formés en bataille sur trois rangs et inspectés. La distribution de pain se fait immédiatement. Aussitôt après, au commandement de l'adjudant de semaine, tous les détenus sont conduits en ordre et à son de caisse à leurs ateliers. Chacun d'eux prend la place qui lui est assignée et se met à l'œuvre ; à l'exception d'explications données à haute voix par les contre-maîtres, un silence complet règne partout ; rompre ce silence est un cas de punition.

» A huit heures, visite du chirurgien-major. Les malades dont l'état exige cette translation sont envoyés à l'hôpital du lieu ; là, dans une salle *consignée*, ils reçoivent, comme tous les autres malades, ces soins touchants que l'on rencontre partout où se trouvent les dignes sœurs de charité.

» A onze heures du matin, un roulement donne le signal du repas, les hommes sortent des ateliers en ordre et se forment en bataille ; au commandement de l'adjudant, ils entrent au réfectoire, tous s'arrêtent devant leur place accoutumée et se tiennent debout; à un coup de baguette, tout le monde s'assied et le repas commence.

» Les rations sont individuelles ; elles consistent pour le repas du matin, les mardi, jeudi et dimanche, en une soupe grasse et une portion de viande désossée pesant 92 grammes, et pour le repas du soir, les mêmes jours, en une soupe aux légumes. Les autres jours de la semaine, les détenus reçoivent pour le repas du matin une soupe aux légumes, et pour le repas du soir une portion de légumes assaisonnés. Les détenus qui se conduisent bien peuvent améliorer cette nourriture à leurs frais.

» A onze heures et demie, un nouveau coup de baguette annonce la fin du repas ; les hommes, silencieux, se lèvent, sortent en ordre et vont au préau de la récréation. Pendant que leurs camarades causent ou lisent des livres d'instruction appartenant à l'établissement, ceux qui sont illettrés vont assister à un cours d'enseignement mutuel.

» A midi et demi, après l'appel, les travaux recommencent et se prolongent jusqu'à sept heures. Le souper ne dure qu'un quart d'heure, la retraite se bat et à huit heures un roulement annonce le coucher. Chaque homme emporte dans sa cellule son bidon rempli d'eau ; les portes sont fermées et les clefs rapportées à un poste intérieur, où elles restent sous la responsabilité de deux surveillants de garde. Pendant la nuit, un officier de service fait, dans l'intérieur, trois rondes pour s'assurer s'il n'y a pas d'hommes malades ou de tentatives d'évasion, et le commandant d'une garde de vingt-six hommes, placée au pénitencier, est chargé des rondes extérieures.

» L'été n'apporte à ce régime d'autre changement que d'avancer l'heure de la diane et de prolonger d'une heure la journée d'atelier, qui se trouve ainsi portée à onze heures de travail.

» Le dimanche est un jour plus spécialement consacré aux travaux de propreté. Ce jour-là, chaque homme descend dans les préaux son sommier, son sac de campement, sa couverture et son oreiller pour les battre ; les cellules sont frottées, les portes et les serrures nettoyées à fond. Après une première inspection des sous-officiers, les prisonniers, dans leur tenue la meilleure, vont assister à la messe dans la chapelle où Louis XIV fut baptisé. Du haut de cette chaire qu'ont occupée les plus grands orateurs chrétiens, un aumônier leur fait une instruction religieuse.

» Ces touchantes allocutions ne sont pas les seuls moyens que l'on emploie pour fortifier dans le cœur des prévenus le désir de leur régénération morale ; le commandant seconde puissamment tous les sentiments qui peuvent ramener au bien ces jeunes citoyens. Un registre de moralité est établi avec un soin scrupuleux et présente un compte ouvert à chaque homme, enregistrant exactement les progrès successifs dans la conduite et le travail, ainsi que les punitions et les motifs de punition. A deux époques de l'année, au 1er mai et dans le mois de novembre, le commandant examine les titres que peut avoir chaque détenu à la clémence royale, mais cette faveur ne peut s'étendre qu'à ceux qui ont au moins subi la moitié de leur captivité, les lettres de grâce qui remettent ou réduisent la peine sont lues à la grande revue du dimanche, à midi, en présence de tous les détenus formant le carré. C'est là un beau jour pour tous et pour ceux qui sont rendus à l'armée, à leur famille, et pour ceux à qui la délivrance de leurs amis semble dire : méritez, espérez. »

A ces détails, nous ajouterons que chaque malade non hospitalisé occupait une cellule dite d'infirmerie, où la nourriture et les remèdes prescrits par l'officier de santé lui étaient apportés.

Le pain, le chauffage, l'éclairage, le couchage et l'habillement qui se rapprochait beaucoup de la tenue militaire étaient fournis par les établissements de ces services.

Les jours fériés, les détenus pouvaient être visités par les personnes qui en avaient obtenu la permission du commandant, et ces visites avaient lieu dans un parloir commun divisé en deux parties par une grille double.

Dans le but de stimuler sans cesse la pensée des prisonniers vers un retour au bien, des sentences morales étaient écrites en gros caractères sur les murs, dans les cours, préaux, réfectoires, ateliers, corridors et dans la salle d'enseignement mutuel.

Parmi ces inscriptions, qui disparaissent chaque jour dans les travaux de restauration, nous avons recueilli les suivantes :

« Quiconque enfreint la loi n'est pas digne de vivre. »

« Tout citoyen doit servir son pays. Quiconque s'y refuse doit y être forcé. »

« L'homme le plus coupable est celui qui justifie son crime en accusant la société qui le condamne. »

Dans la chapelle : « L'oubli de la religion conduit à l'oubli des devoirs de l'homme. »

« L'insensé seul peut dire en son cœur, il n'y a pas de Dieu. »

Dans un atelier : « Le travail du corps délivre des peines de l'esprit. »

Dans le préau d'un fossé : « Point de probité possible avec la passion du jeu, on commence par être dupe, on finit par être fripon. »

Sous la corniche enfin de la salle de Mars : « On peut ne pas rougir de ses fautes quand on a tout fait pour les réparer. »

« Renoncer à l'estime des hommes, c'est se contraindre à l'infamie. »

Si ces maximes religieuses ou philosophiques portaient avec elles l'heureux privilége d'inspirer de plus généreux sentiments à des hommes qui avaient oublié leurs devoirs en un jour d'égarement, certains esprits rebelles refusaient de s'y soumettre ou de les comprendre. Un témoignage en est resté tracé de leurs mains sur les murs qui tombent en ce moment. Des inscriptions au crayon ou au charbon désignent, dans ce grand nombre de détenus, des hommes d'un orgueil insensé, aigris sans doute par les rigueurs de la claustration et dont l'âme entrait en révolte contre leurs chefs ou la société.

A côté de ces tristes mais rares souvenirs de la captivité, les prisonniers en ont légué aux cloisons de leurs cellules un très-grand nombre qui impriment à ces ruines l'aspect le plus original.

Ce sont des dessins au charbon, des peintures à l'huile, de simples fresques à la colle et des sculptures taillées dans la muraille. Ces étranges compositions, dues au loisir de la prison, révèlent chez quelques-uns des artistes improvisés qui en furent les auteurs, sinon un talent inné, au moins un goût prononcé pour ce genre de travail.

Les uns, rêvant les splendeurs d'un salon luxueux, s'étaient servis du pinceau pour figurer sur les murs blanchis à la chaux de leurs pauvres demeures des allégories chaudement encadrées dans des panneaux multicolores.

D'autres, plus modestes, empruntaient leurs modèles aux réminiscences de la nature et embellissaient leurs réduits de paysages au fusain ou de guirlandes de fleurs.

Il s'en trouvait encore qui, pour satisfaire leurs illusions, décoraient les lambris de leurs cellules d'ornements de salle à manger et d'attributs culinaires.

La sculpture avait rencontré dans l'un des détenus un interprète plus habile que la peinture. C'était un soldat assez indiscipliné qui se refusait au travail manuel de la maison et que l'on avait enfermé dans une cellule de correction.

Cette cellule, située dans le pavillon du sud, prenait jour par une fenêtre dont les embrasures datant du château de la Renaissance s'ouvraient dans de larges proportions. La pierre profonde de ces deux embrasures avait été pour lui le prétexte et le moyen de l'établissement d'un véritable musée de sculpture. Il y travailla sans doute deux années, car l'une des embrasures porte l'inscription : *Exposition de* 1845, et l'autre *Exposition de* 1846.

La pierre fut attaquée par lui sur toute sa surface environ, d'abord avec un simple couteau, ensuite avec un ciseau et un maillet que la tolérante administration de la maison ne lui refusa point. Sur ces murs, il s'exerçait à tous les genres : bustes, fleurs; allégories, trophées, ornements. Il ne se bornait pas au bas-relief, il creusait la pierre avec assez de patience pour en faire sortir une figure entière. C'est ainsi qu'en cette solitude d'où un travail persévérant sut chasser l'oisivité, il a taillé une statuette de la Saône appuyée sur son urne, une vierge, une chapelle gothique et d'autres œuvres qui ne sont pas dénuées de mérite. Dans cette réunion d'objets divers, il n'avait point oublié la clef qui le tenait sous les verrous, il la sculpta de grandeur naturelle et entoura son musée d'une chaîne de pierre empruntée à la muraille.

Une inscription gravée en relief témoigne que le prisonnier n'abandonna pas ce travail des longues journées de la captivité sans un certain regret et qu'il avait la conscience de la fragilité de son œuvre. Comme il ne pouvait écrire avec le poëte : *Exegi monumentum perennius ære,* il recommanda ses sculptures au visiteur par ces simples mots : « Qui touche, casse. »

A la révolution de février 1848, le pénitencier de Saint-Germain fut complétement désorganisé. Une bande d'insurgés en ouvrit les portes aux détenus. La liberté à laquelle ceux-ci n'étaient pas préparés ne leur apporta pas la joie habituelle d'un pareil bienfait. Sans asile, sans moyens d'existence, beaucoup regrettèrent cette inutile violation de la loi qui, en toute autre circonstance, eût entouré leur départ d'une indispensable protection.

Plus disciplinés que la foule triomphante qui avait rompu leurs liens, ils rejoignirent les corps auxquels ils appartenaient ou se remirent eux-mêmes entre les mains de l'autorité militaire qui les dirigea sur d'autres pénitenciers. Un encombrement fâcheux pour ces établissements fut le seul résultat obtenu par l'acte irréfléchi d'une multitude violente.

Après les événements du mois de juin de la même année, le pouvoir exécutif affecta le château de Saint-Germain à l'incarcération des insurgés pris dans ces néfastes journées, mais ce projet ne reçut pas son exécution, et quelques mois plus tard le monument fut rendu à sa destination.

Voici quels ont été les commandants du pénitencier depuis son origine jusqu'au jour où il fut fermé.

Dès le début, c'est-à-dire de 1836 à 1839, l'établissemen tfut sous la direction de M. le général Boileau, maréchal de camp. M. Brès, lieutenant-colonel d'état-major, lui succéda. Vinrent ensuite aux dates ci-après : MM. Bain-Boudonville, lieutenant-colonel d'état-major, 19 septembre 1846; Leroux, lieutenant-colonel d'état-major, 10 mai 1848 ; Courtois d'Hurbal, lieutenant-colonel d'état-major, 10 septembre 1848 ; Tisseuil, chef d'escadron d'état-major, 30 novembre 1850 ; Gaulard de Sandrax, chef d'escadron d'état-major, 10 avril 1852 ; Darquier, chef d'escadron d'état-major, 3 décembre 1854 jusqu'au 4 juillet 1855.

L'établissement d'une prison militaire dans la demeure de nos rois n'avait jamais obtenu l'assentiment de la population de Saint-Germain.

Le 28 juin 1840, une pétition revêtue de 386 signatures et appuyée par le conseil municipal fut présentée au roi Louis-Philippe. Elle demandait l'évacuation du pénitencier.

La délibération des magistrats municipaux, annexée à la pétition, était conçue en ces termes :

« M. le président donne lecture au conseil d'une demande qui lui a été adressée en communication le 24 janvier par M. Gallois, propriétaire du pavillon Henri IV.

» Cette demande contient l'expression des regrets qu'éprouve M. Gallois de voir l'antique château de Saint-Germain transformé en pénitencier et l'extrême désir qu'il aurait de le voir rendu à une destination plus convenable et plus digne des beaux souvenirs qui s'y rattachent. Le conseil déclare qu'il partage à cet égard les sentiments de M. Gallois ainsi que ses vœux, et qu'il appuie d'avance toutes les demandes qu'il pourrait faire dans ce sens auprès du roi ou de ses ministres, persuadé qu'il ne pourrait en résulter pour la ville de Saint-Germain que de très-grands avantages.

» Fait en séance le 8 février 1840. »

Le gouvernement saisi de cette importante question ne crut pas devoir souscrire aux vœux des habitants de Saint-Germain, parce qu'on avait consacré 500,000 fr. à l'installation du pénitencier et qu'il ne pensait pas qu'un tel sacrifice dût rester stérile. D'un autre côté, l'évacuation de l'établissement eût jeté dans l'embarras le ministre de la guerre qui déclarait n'avoir pas d'autre local à la disposition des condamnés. On ne put néanmoins s'empêcher de constater dans les hautes régions administratives que l'appui du conseil municipal de Saint-Germain, prêté en de telles circonstances à un si grand nombre de signataires, constituait un fait grave dont il y avait lieu de se préoccuper pour l'avenir.

Il était réservé à l'initiative impériale de donner aux vœux des habitants et aux souvenirs de l'histoire une légitime satisfaction.

Dès 1853, on agita la suppression du pénitencier et on nomma une commission pour en étudier le déplacement. Le voyage de la reine d'Angleterre en France précipita le dénouement de la question. La reine ayant manifesté le désir de visiter le dernier asile de Jacques II, l'évacuation immédiate du château fut ordonnée et on transféra l'établissement à Alger.

Les détenus quittèrent Saint-Germain le 10 juillet 1855 au nombre de 347 avec les destinations suivantes :

82 furent graciés et rendus à leurs corps.

60 furent transportés à la prison de Saint-François-d'Aire.

53 au pénitencier de Metz.

30 au pénitencier de Besançon.

122 au pénitencier d'Alger.

Total.  347

Ce départ s'accomplit dans le plus grand ordre.

« Les détenus, dit un récit du temps, marchaient vers l'embarcadère du chemin de fer, deux à deux, accouplés par une légère chaîne de fer attachée aux poignets. Tous ces hommes, revêtus de l'uniforme gris des prisons militaires, portaient leurs sacs, et plusieurs y avaient joint les outils de leur profession, des masques, des fleurets, des boîtes à instruments de musique ; l'un d'eux même avait fixé derrière son dos un charmant rosier en fleurs, probablement cultivé pendant sa captivité (1). »

A dater de ce moment, le château retourna au domaine de la couronne. Le département de la guerre en fit la cession le 17 juillet au ministère d'Etat et lui abandonna entre autres objets mobiliers six flambeaux d'église et deux tableaux donnés à la chapelle par la reine Marie-Amélie.

_____

(1) *Industriel de Saint-Germain* du 14 juillet 1855.

# XIV

## LE MUSÉE.

Nous voici au terme des vicissitudes du château de Saint-Germain. A l'heure où nous écrivons ces dernières lignes de son histoire, la façade de l'est et celle du nord ont repris leur splendeur native. C'est dans l'aile {du nord, dont l'intérieur s'harmonise avec le style de la Renaissance, que s'étalent aux yeux du visiteur les premiers éléments d'un musée qui, dans quelques années, renfermera d'incalculables richesses et où l'observateur pourra étudier les mœurs et les usages de nos aïeux, depuis le jour où notre sol a reçu la visite de l'homme jusqu'au temps de Charlemagne (1).

La période gallo-romaine y sera représentée de la façon la plus étendue, afin que nous puissions y déchiffrer l'histoire de ces fiers ancêtres qui, en Italie, jetaient dans la balance leur épée victorieuse, et dans la Gaule s'ensevelissaient sous les ruines d'Alesia.

*Rez-de-chaussée.* — Le rez-de-chaussée de la façade

(1) La curieuse collection d'objets qui représentaient, en 1867, à l'Exposition du Champ de Mars, l'époque anté-historique de la Gaule de nos ancêtres, a fait retour au Muséé de Saint-Germain.

occupée du monument est déjà consacré aux œuvres de cette période. Il contient les moulages des médaillons de l'arc de Constantin à Rome, dus à la munificence impériale. Ces médaillons, qui ont deux mètres de diamètre, ainsi que d'autres bas-reliefs d'une dimension beaucoup plus colossale, faisaient primitivement partie d'un arc triomphal élevé à la gloire de Trajan.

La première salle du rez-de-chaussée comprend les sujets suivants :

*Sacrifice à Apollon*, — *Sacrifice à Mars*, — *Sacrifice à Sylvain*, — *Sacrifice à Diane*.

*Départ pour la Chasse ;* — *Chasse à l'Ours*, — *Retour de la Chasse*.

*Retour de Trajan à Rome après la guerre des Daces*, — *Parthenaspates reconnu roi des Parthes par Trajan*.

Deuxième et troisième salles : *Trajan chez les Daces, Trajan ordonne la continuation de la Voie Appienne,* — *Trajan apprend d'un transfuge dace que le Docébale a voulu le faire assassiner,* — *Trajan fait distribuer des vivres au peuple,* — *Parthamasiris, roi d'Arménie, demande la couronne à Trajan,* — *Trajan harangue les cohortes,* — *Trajan sacrifie aux dieux un porc, un bélier, un taureau,* — *Trajan chez les Daces*. Ce dernier moulage a 5 mètres de long sur 3 mètres de hauteur.

Dans ces deux salles se trouvent encore les objets ci-après, offerts par l'empereur : une statue d'Auguste trouvée, en 1863, dans les ruines de la villa de Livie, près de Rome ; une machine de guerre antique ; une catapulte de fer et de bois de grand module exécutée d'après les proportions fournies par Héron et Philon ; une catapulte de petit module, *id* ; une catapulte propre à lancer la flèche ou la pierre, exécutée d'après une représentation de la colonne Trajane, et une pierre sépulcrale de Julia Paullina, trouvée à Bourges en 1764.

Après avoir parcouru le rez-de-chaussée, on monte à l'entresol par l'escalier d'honneur, si correctement restauré, en rencontrant dans les corridors ou sur les paliers diverses pierres sépulcrales et entre autres celles de *Pantanus, signifer de la V<sup>e</sup> cohorte asturienne.*

*Entresol.* — L'entresol ouvert depuis le 1<sup>er</sup> juin 1868 comprend quatre salles.

La première est consacrée aux bas-reliefs gallo-romains et renferme une série très-intéressante d'autels voués aux divinités gauloises, à la déesse *Lahe*, au dieu *Sex arbor* à la *Mère des dieux* etc... ainsi qu'une remarquable collection de pierres tombales.

Ces pierres sur lesquelles on représentait l'image du défunt avec les attributs de sa profession offrent une idée exacte du costume et des usages de nos ancêtres. On y reconnait le maçon avec sa truelle à la main, le verrier avec sa pince et son creuset, le marchand de boissons avec son amphore qui verse le liquide, le soldat avec ses armes. Tous ont le torquès ou collier, la saye, ce vêtement national qui est aujourd'hui la blouse de l'atelier et des campagnes, la ceinture bouclée et quelques-uns le manteau.

Des pierres tumulaires sculptées à la mémoire de soldats ou de chefs présentent des bas-reliefs d'une belle composition, telles que celle de *Favoleus* soldat de la 14ᵉ légion et du cavalier Ubien *Albanus*.

Aux murailles sont appendus les fragments moulés de la colonne Trajane qui fournissent des documents à notre histoire, et aux coutumes de l'époque.

Enfin au milieu de la salle se dresse la statue d'un soldat gaulois, moulage du musée d'Avignon qui est un type de l'habillement et de l'équipement des guerriers qui résistèrent à César. Le grand manteau laisse le cou et une partie de la poitrine à découvert, l'épée à deux tranchants et à poignée avec pommeau est placée à droite, suivant l'usage celtique, l'armelle, est au bras droit, le bouclier ovale sur lequel tombent quelques franges du manteau, couvre l'homme aux trois quarts.

Ce bouclier, tel que Polybe le décrit est orné au centre d'un umbo de bronze qui en faisait la force, car, en général, le corps de l'arme défensive était de matière légère, osier ou cuir.

La deuxième salle de l'entresol ouverte le 1ᵉʳ août 1868, l'une des plus saisissantes et des plus instructives est destinée à l'histoire de la conquête des Gaules. L'Empereur en a fait lui-même les frais avec la sollicitude de l'historien de cette mémorable phase de nos annales. Cette partie du musée est le meilleur commentaire des *commentaires* de César, car elle met sous les yeux tout ce qui touche au récit sobre mais complet de ce grand capitaine sur sa guerre des Gaules.

Au centre se développent le plan en relief d'Alesia où succomba Vercingetorix le dernier champion de la

liberté gauloise, et la défense du camp de César sur le
terrain ou celui-ci assiégea cette place. Puis voici le plan
d'Avaricum (Bourges) avec le détail des attaques, les
reproductions en miniature des camps romains, les
machines de guerre du temps, les boulets de pierre
et autres engins retirés des fossés d'Alesia et enfin
une réduction du célèbre pont en bois sur lequel le
vainqueur de Pompée passa le Rhin.

Autour de ces souvenirs sont suspendus en nombre
considérable, les armes offensives ou défensives découvertes dans les fouilles d'Alesia, casques, glaives,
lances, boucliers et jusqu'à des fers de cheval en
usage en ces siècles. Ce sont des sortes de sanda-
les qui ne laissent aucune incertitude sur l'antiquité
de la ferrure dans les Gaules.

Les troisième et quatrième salles encore incomplètes
appartiennent à l'anthropologie, c'est-à-dire à l'étude
de l'homme dans ces âges reculés et à l'histoire naturelle appliquée à l'archéologie gallo-romaine.

A la sortie de l'entresol on franchit les marches
qui conduisent au 1er étage et l'on rencontre sur le
palier un très-joli autel voué à Hercule.

*Premier étage.* — Les trois premières salles de cet
étage sont dévolues à l'époque anté-historique, âge de
la pierre. Elles renferment les collections offertes par
le roi de Danemark, par MM. Boucher de Perthes,
Lartet et Christy, et les dons de MM. de Breuvery,
maire de Saint-Germain et Ph. Beaune, ancien attaché au musée.

Pendant la durée de ses fonctions, M. Beaune a

pensé, à l'inspection de la collection de M. Boucher
de Perthes que par similitude géologique, des fouilles,
analogues à celles de la Picardie pouvaient être opé-
rées à Saint-Germain et offrir les mêmes résultats.
Cette heureuse idée a été le point de départ de ses
découvertes qui prouvent jusqu'à l'évidence au point
de vue topographique que le sol de Saint-Germain
était habité par l'homme au moment du grand cata-
clysme qui amena l'immersion du globe.

Voici l'énumération faite par M. Beaune avec
toute l'autorité de sa position, des objets les plus intéressants classés dans les premier et deuxième étages
de l'aile nord du château.

« Dans la première salle, tous les produits des al-
luvions quaternaires, c'est-à-dire les collections de
silex travaillés que l'on trouve mêlés aux ossements
des animaux dont l'espèce est éteinte : l'*Elephas pri-
migenius*, le rhinocéros à narines cloisonnées, le
grand hippopotame, le cerf d'Islande, l'ours des cavernes, etc. ; puis les brèches ossifères des cavernes
de la Dordogne avec les débris du renne, de l'au-
rochs, du bouquetin; de toutes ces races puissantes
qui ont reculé devant l'invasion de l'homme ; les ossements ciselés, gravés, creusés, façonnés aux usages
domestiques ou hiératiques par la main humaine ; la
précieuse collection d'armes en silex offerte à l'Empereur par le roi de Danemark, le résultat des fouilles
pratiquées dans les sablières du bassin de la Seine, et
dans l'ordre des temps, le choix inimitable des objets
découverts dans la Somme, par M. Boucher de

9

Perthes, le père de l'archéologie antédiluvienne.

» La seconde salle est consacrée aux *monuments sé-pulcraux mégalithiques*. Ici s'écrira l'histoire des rudes populations qui ont élevé les dolmens et les allées couvertes à l'ouest, au nord, au midi, partout où la terre a été arrosée du sang généreux de nos pères. La civilisation commence à poindre, l'industrie de l'homme se développe, déjà il sait polir la pierre et ébranler ces masses rocheuses qui effrayent l'œil aux champs de Karnac; il a découvert le secret de tailler le dur silex, et en l'ajustant dans un bois de cerf fendu, de s'en faire une arme meurtrière; il fait sécher l'argile au soleil et invente l'art du potier; il aiguise des os, et d'une arête de poisson se fabrique une aiguille.

» Tous ces objets, qui intéressent toujours l'industriel et l'historien, sont classés par groupes selon leurs diverses provenances. En face des vitrines qui les renferment, on a placé la reproduction au vingtième des principaux dolmens de la même époque, sous lesquels la plupart de ces débris ont été découverts.

« Le grand *Tumulus-Dolmen* de Gavr'inis occupe à lui seul, quoique en réduction, la troisième salle. Qui déchiffrera les mystérieux caractères gravés sur le granit de ses parois intérieures? Qui nous donnera la clef de ces hiéroglyphes, dont les enlacements étranges rappellent les primitives sculptures de l'Inde ou l'art plus grossier encore des décorateurs de Manitous en Amérique?

« Après avoir donné un coup d'œil à la quatrième

salle où sont réunies les inscriptions gauloises et les médailles de la même époque ; après en avoir admiré l'ameublement que l'on croirait l'œuvre d'une corporation d'ouvriers du xvi⁰ siècle, pénétrons au second étage d'abord, au milieu des habitations lacustres. »

A la description de M. Beaune ajoutons quelques observations complémentaires sur les collections du premier étage.

La première salle est celle de la pierre travaillée par éclat, et appelée par les Anglais archéolithique, c'est-à-dire des objets ou instruments en pierre dégrossie au moyen d'autres pierres avec une adresse que les contrefacteurs modernes n'ont pu atteindre. Ce sont des haches, des marteaux, des scies, des couteaux, des pointes de lance ou de flèches, etc. Quelques haches ou marteaux ont été trouvés dans les tourbières munis de leurs manches en os ou en bois.

Les ossements d'animaux exposés dans cette pièce sont ceux d'espèces éteintes aujourd'hui, mais dont l'homme est le contemporain. Le mammouth y est représenté par divers vestiges et par une gigantesque défense.

La deuxième salle est celle de la pierre polie, ou néolithique, c'est-à-dire celle d'instruments en pierre dure de toutes variétés, travaillés avec une grande perfection. Presque tous ont été trouvés dans les dolmens, nécropoles souterraines de nos ancêtres, et indiquent d'une façon marquée les progrès de l'art et de l'industrie chez l'homme primitif, auquel le métal était inconnu. Ces dolmens ou allées couvertes ont été moulés à l'échelle du vingtième, par M. Maitre, avec un rare talent.

L'âge de la pierre polie est la période qui correspond à celle des animaux domestiques dont l'espèce n'est pas éteinte, mais qui, tels que le chamois, ont fui l'homme et nos régions pour se réfugier dans des retraites inaccessibles.

Les fragments qui tapissent la troisième salle sont les moulures de grandeur naturelle des pierres du fameux dolmen de Gavr'inis.

La quatrième salle est une des plus riches du musée. Non-seulement elle renferme les monnaies de l'époque gallo-romaine, mais encore des bijoux de grande valeur, des bagues, des boucles d'oreille, des bracelets en or massif. Le visiteur ne la traversera pas sans s'arrêter devant un des plus beaux spécimens de l'orfèvrerie de cette époque, un vase en argent, trouvé dans les fossés d'Alesia, et sur les contours duquel l'artiste a ciselé une branche de myrte d'une charmante exécution.

Dans la salle qui suit, c'est-à-dire dans l'intérieur même du donjon restauré, on a ouvert, depuis 1868, une exposition provisoire d'objets gallo-romains, qui devront trouver place un jour dans les autres salons. Ce sont des statuettes en terre cuite et en bronze, des vases de toute espèce, en terre, en métal, en verre; des sucriers, des lampes funéraires, des colliers, des épingles à cheveux, des coins à frapper les monnaies; le sanglier gaulois, des armes grecques et latines, des outils de toutes professions, des jouets d'enfants, et parmi ceux-ci de petits coqs en pierre, qui sont en ligne directe les ancêtres des coqs en sucre de nos étalages forains.

Dans un tableau se montrent des lambeaux d'étoffes romaines découvertes dans les tombeaux de Maizière, et sous une vitrine remarquablement fournie tous les instruments qui composaient la trousse d'un médecin oculiste.

A droite, en entrant, on a placé une armoire mérovingienne d'un travail authentique, et qui renferme avec des bijoux, des urnes, des poteries et des armes du temps, la redoutable francisque de nos pères.

*Deuxième étage* (salles 5 et 6). — Nous voici au milieu des objets enlevés aux habitations lacustres, c'est-à-dire aux terrains ensevelis aujourd'hui sous les eaux douces.

(Salles 5 et 6.) « Ici, nous dit M. Beaune, l'âge de pierre n'a pas épuisé ses productions, car voici encore les haches de silex, les dards, les couteaux, les outils, les instruments d'os, d'écaille, d'arêtes, de bois dur à moitié dégrossi.

» Nous touchons à l'ère du bronze, dont les vestiges, d'abord clair-semés, se pressent et s'accumulent dans la galerie voisine. La pierre cède le pas au métal : les épées, les colliers, les haches creuses, à gaîne, à oreillettes, à un ou deux tranchants, les larges poignards ont succédé aux armes de jet et aux casse-tête du sauvage ; plus nous nous rapprochons des temps historiques et plus ces débris arrachés aux lacs de l'Helvétie deviennent variés et nombreux. L'airain n'a pas seulement triomphé des siècles, mais avec lui les ustensiles les plus fragiles, les plus humbles et les plus éphémères témoins de la vie domestique : fragments de tissus et de vêtements laineux, filets, engins de pêche et de chasse, menus objets de toilette féminine et jusqu'à des échantillons miraculeusement conservés de l'alimentation humaine : grains d'orge, de froment, de millet, fruits du chêne druidique, noisettes vieilles de plus de trois mille ans.

(Salle 7). » Les temps s'avancent et l'homme se perfectionne. Ouvrons une porte et nous sommes dans la Gaule de Brennus, que les pédagogues de notre crédule enfance nous faisaient incolore, congelée, et qui nous apparaît aujourd'hui radieuse, échauffée de l'amour de la patrie. Comptez si vous pouvez les torquès, les armillaires, les umbones, les casques, les bracelets (1), les glaives, les coutelas, les fragments de boucliers, de ceintures, de flèches, et à côté de ces terribles instruments de guerre, les instruments plus utiles et plus féconds de la paix.

» La scène change, et, quoique nous ayons à peine franchi trois ou quatre siècles, nous nous sentons déjà sur un sol cultivé et plus raffermi, au milieu de peuplades plus stables et mieux connues de nous. N'assiste-t-on pas vraiment à la première exposition de l'industrie nationale, car la plupart de ces objets, œuvres patientes de nos ancêtres, portent, dans leurs formes diverses, l'individualité des tribus disséminées sur le sol celtique, le cachet, la signature des fabricants.

(1) Quelques-uns de ces bracelets en or massif ont une très-grande valeur.

» Pour fonder le musée gallo-romain, il n'a pas fallu seulement rassembler une collection, il a fallu créer une science. Cette science nous livre aujourd'hui une partie de ses secrets. »

La s'arrête le musée gallo-romain appelé à prendre dans peu de temps un grand et riche développement. Dans le cours de l'année 1869, les vastes salles en état de restauration, depuis l'escalier d'honneur jusqu'à l'angle Nord-Est du château, seront livrées à son administration et, dans ce local qui doublera l'étendue du musée, prendront place de nouveaux trésors archéologiques.

Tel est aujourd'hui le château de Saint-Germain-en Laye. Nulle résidence royale n'a éprouvé de phases plus variées en son existence. Tour à tour forteresse, château de plaisance, asile de rois proscrits, maison à louer, école militaire, caserne, prison, il était réservé à sa bonne fortune de rajeunir en quelques années de trois siècles et d'abriter sous ses voûtes silencieuses les souvenirs du passage de nos ancêtres à travers les âges les plus lointains de l'histoire. A l'honneur du règne actuel, cet édifice aujourd'hui tient ouvertes les premières pages de ce livre magnifique dont les feuillets, riches de grands enseignements, sont épars dans tous nos musées, et font connaître à la postérité attentive et émue les efforts successifs et persévérants des sociétés humaines pour atteindre ce but suprême : le perfectionnement de la civilisation.

FIN.

# TABLE DES MATIÈRES.

FIN DE LA TABLE DES MATIÈRES.

Meaux. — Imprimerie J. CARRO.